T0244951

Ansiedad y
PERFECCIONISMO

Título original: The Anxious Perfectionist: How to Manage Perfectionism-Driven Anxiety Using Acceptance and Commitment Therapy
Traducido del inglés por Elsa Gómez Belastegui
Diseño de portada: Editorial Sirio, S.A.
Maquetación: Toñi F. Castellón

© de la edición original
2022 de Michael P. Twohig y Clarissa Ong

Edición publicada por acuerdo con New Harbinger Publications Inc.
a través de Yañez, parte de International Editors' Co.

© de la presente edición
EDITORIAL SIRIO, S.A.
C/ Rosa de los Vientos, 64
Pol. Ind. El Viso
29006-Málaga
España

www.editorialsirio.com
sirio@editorialsirio.com

I.S.B.N.: 978-84-19105-82-0
Depósito Legal: MA-651-2023

Impreso en Imagraf Impresores, S. A.
c/ Nabucco, 14 D - Pol. Alameda
29006 - Málaga

Impreso en España

Puedes seguirnos en Facebook, Twitter, YouTube e Instagram.

 El papel utilizado para la impresión de este libro está **libre de cloro** elemental (ECF) y su procedencia está certificada por una entidad independiente, no gubernamental, que promueve la sostenibilidad de los bosques.

Dra. Clarissa W. Ong & Dr. Michael P. Twohig

Ansiedad y
PERFECCIONISMO

EDITORIAL
SIRIO

Este libro está dedicado a nuestros clientes,
por encontrar la fuerza para ser vulnerables.

Índice

Prólogo

Hace más de un siglo, el psicólogo y médico francés Pierre Janet observó en algunos de sus pacientes un profundo sentimiento de insuficiencia. Era un sentimiento que los torturaba, pues les creaba serias dudas sobre la calidad no solo de sus actos, sino también de su percepción de las cosas. Para sobreponerse a las dudas, se esforzaban por alcanzar la perfección de pensamiento y acción, y la imposibilidad de alcanzarla se traducía entonces en un esfuerzo aún más intenso por evitar los errores. El resultado era lo que Janet denominó *psicastenia*, una combinación de trastornos que hoy se consideran por separado: trastorno obsesivo-compulsivo, de ansiedad, de la conducta alimentaria y del estado de ánimo.

Unas décadas más tarde, la psicoanalista Karen Horney observó algo similar en pacientes suyos que combatían la ansiedad esforzándose por estar a la altura de una imagen de sí mismos idealizada y perfecta. Esos esfuerzos respondían a una serie de imperativos personales cuya función era dirigir su comportamiento.

Horney los llamó «la tiranía de los *deberías*», estrictos dictados que estaban obligados a cumplir, como «no debería cometer errores» o «no debería sacar menos de un sobresaliente». Albert Ellis llamó a este estilo de pensamiento regido por una implacable e irracional exigencia de perfección *musturbation*,[*] el onanismo del deber. Este libro indaga en los «debo» y «debería» que caracterizan el pensamiento perfeccionista y son causa de dolor emocional. Si ves algo de ti reflejado en las descripciones de este tipo de pensamiento, pronto entenderás lo dañino que es.

La búsqueda de perfección puede ser el camino a una vida plena o un camino de autodestrucción. Depende de cómo lleves a cabo la búsqueda. Si aceptas los errores y fracasos y los utilizas de un modo constructivo, la vida puede ser expansiva y provechosa. Si, por el contrario, los errores y fracasos te hacen procurar evitarlos a toda costa, la vida se convierte en una batalla. El perfeccionismo es intrínsecamente autocrítico, una forma de autoevaluación extrema e inflexible que provoca sentimientos de fracaso e inutilidad incluso ante considerables logros. Independientemente de lo que se consiga, si la autoestima depende de hacer las cosas a la perfección y de ser perfecto, el mundo se convierte en una amenaza constante, fuente de interminables actividades que temer y evitar. Cuando alguien utiliza los errores o los fracasos para determinar su valía como ser humano, las consecuencias son

---

[*] N. de la T.: En inglés, la *a* de *masturbation* es sustituida por la u de *must*, 'deber'.

desastrosas. La autocrítica implacable le hará creer que hay algo fundamentalmente defectuoso en su interior y que solo podrá compensarlo siendo perfecto.

Clarissa Ong y Michael Twohig nos muestran cómo es posible observar, comprender y aceptar nuestras imperfecciones y esforzarnos a la vez por dar lo mejor de nosotros. Destruyen el mito de que la autocrítica es el motor del éxito. Como señalan, cuando es la autocrítica lo que nos mueve a actuar de determinado modo, incluso aunque consigamos hasta cierto punto lo que nos proponíamos, nos sentiremos desgraciados.

Este libro destaca la importancia de los valores. Leerlo te ayudará a definir las cosas que son verdaderamente importantes para ti. Te ayudará a aclararlas y a conectar con ellas. Los ejercicios basados en la atención plena y la compasión te acercarán a vivir la vida que deseas. Como en cualquier trabajo de este tipo, la clave será aceptar los inevitables errores y fracasos mientras te abres camino hacia lo que más valoras en la vida. El viaje sin duda merecerá la pena.

RANDY O. FROST,
profesor emérito de Psicología del Smith College,
Northampton, Massachusetts

Introducción

La ansiedad, el estrés y la preocupación en los que nadas

La necesidad de hacerlo todo a la perfección tiene dos caras. La cara luminosa es la de los reconocimientos, la productividad sin parangón y un trabajo siempre de calidad. Pero además está la cara oscura: la imposibilidad para cumplir los plazos, la procrastinación incontrolable, la irritabilidad y la constante falta de sueño. Como terapeutas, hemos trabajado con profesionales que siguen obsesionados con avanzar posiciones en sus respectivas carreras mientras su relación de pareja se desmorona, con estudiantes que envían correos electrónicos a sus profesores a las tres de la madrugada en los que suplican una prórroga para la entrega de un trabajo, con jubilados que miran atrás y se dan cuenta de que no estuvieron *de verdad* presentes durante la mayor parte de su vida. Como psicólogos clínicos, hemos visto cómo el perfeccionismo ha dejado a algunos de nuestros talentosos colegas paralizados y exhaustos, en algunos casos hasta el punto de tener que abandonar el mundo académico. Esto se debe a que el perfeccionismo es un arma de doble filo: las mismas aptitudes que a alguien le ayudan a tener éxito son las que luego lo sabotean, en este mundo acelerado en el que la presión por seguir ascendiendo es tan fuerte. El resultado es una mezcla de ansiedad, estrés y preocupación.

Este libro nació de un interés tanto profesional como personal. Las circunstancias de mi vida (la de Clarissa Ong) han alimentado generosamente en mí la necesidad de ser perfecta, y he visto al perfeccionismo comerse grandes trozos de mi vida con la promesa de que el éxito resultante me compensaría de cualquier pérdida con creces. Aunque he aprendido a tolerar mejor ser imperfecta, los miedos y las inseguridades siguen ahí, y de tanto en tanto permito que el perfeccionismo decida por mí cómo actuar. En esos momentos, me deja atónita lo difícil que es ignorar el deseo de excelencia.

Incluso encontrar un título para el libro fue motivo de una estresante indecisión. Teníamos unas cuantas opciones más o menos normales, por así decir, y otras cuantas más... especiales. Éramos muy conscientes de la ironía que suponía dedicar tanto tiempo y esfuerzo a dar con el título «perfecto» mientras escribíamos sobre la quimera de la perfección. Así que al final hicimos lo que decíamos en el libro: elegimos uno que fuera «lo bastante aceptable», porque liberarse del perfeccionismo significa tolerar los errores, significa darnos permiso para ser humanos. Nosotros hemos aprendido y seguimos aprendiendo a aceptarnos por entero, a tratar los estándares perfeccionistas de otra manera y a deleitarnos con las ineludibles complejidades de la vida. Es lo que te deseamos también a ti.

Hemos escrito este libro para las personas que:

- Viven sumidas en la ansiedad, el estrés y la preocupación por no estar donde creen que *deberían* estar.
- Sienten que el perfeccionismo ha tomado las riendas de su vida.
- Tienen interés en saber por qué no son capaces de dejar de dar vueltas y vueltas a lo que ya no tiene solución.
- Creen en el fondo que no valen lo suficiente, que no merecen nada o que no son dignas de amor.
- Están hartas del perfeccionismo pero no saben cómo dejarlo.

Leer este libro y contemplar la posibilidad de deshacerte del perfeccionismo quizá te dé un poco de miedo. En realidad, muchas de las personas con las que hemos trabajado consideran que el perfeccionismo es una de sus cualidades más valiosas: ¿y por qué no habrían de creerlo? A veces el perfeccionismo es muy útil, de eso no hay duda. Por eso, queremos que conserves esa parte de ti pero que aprendas nuevas formas de relacionarte con él.

Es posible que pospongas la lectura de este libro hasta que llegue el momento «adecuado» o que empieces a leerlo como si fuera un manual o un libro de texto esperando encontrar en él la solución a tu obsesión perfeccionista. Sin embargo, como más te ayudará es si lo lees igual que si estuvieras viendo una película: presta atención y déjalo entrar. Toma nota de las partes que te toquen; lee por encima las que te resulten menos relevantes; si tienes la sensación de que has pasado por alto algo importante, vuelve atrás, o lee el libro entero hasta el final y regresa después a las partes que más te han interesado. En pocas palabras, queremos que te quedes con lo que te sirva y dejes el resto; es de suponer que te identificarás mucho más con unos ejemplos que con otros. Lee para enriquecerte en vez de para perfeccionarte y luego aplica a tu vida lo que aprendas.

En diversos momentos del libro te pediremos que anotes tus reacciones y pensamientos en un cuaderno, que puede ser un bloc de notas, un archivo digital o un diario; lo importante es que los anotes en una misma sección para que tengas algo sobre lo que reflexionar cuando hayas terminado de leer cada capítulo. La intención al proponerte esto es que conserves todo lo que vayas comprendiendo o descubriendo durante la lectura y lo integres en tu vida, en lugar de que se quede entre las tapas de este libro. Pero, en última instancia, tú decides; esto no es un «deber» más.

El perfeccionismo, con su carga de ansiedad, estrés y preocupación, se parece al agua que rodea los bancos de peces en el océano: es prácticamente invisible, y la cuestión es que no sabrás qué hacer con él hasta que lo veas. Como es lógico, no puedes responder, mucho menos responder con eficacia, a algo que ni siquiera sabes que existe, incluso aunque no hacerlo te esté perjudicando. En las siguientes páginas hacemos lo posible por que el perfeccionismo, con sus reglas, estándares, juicios y demás, te resulte evidente, y para ello describimos sus mecanismos y los angustiosos efectos que tiene. Además, para que puedas navegar con más destreza estas aguas, te proponemos tácticas fundamentadas en lo que hemos aprendido trabajando con el perfeccionismo y en la psicoterapia basada en la evidencia.

Confiamos en que todo esto te ayudará a tener una panorámica completa de tu vida y a ejercer tu poder para tomar decisiones que estén en consonancia con lo que te importa. No se trata de adoptar una postura tajante: ni tienes por qué sentirte en deuda con el perfeccionismo ni tienes por qué eliminarlo de raíz. La solución es otra: aceptar el perfeccionismo como a un amigo; sugerirle que se vaya a dar un paseo cuando se pone muy pesado y disfrutar de su presencia cuando enriquece tu vida. Encuentra una vía intermedia en la que seas tú quien decida cuánto va a influir en lo que estés haciendo. Esto es un viaje, y puede que más tortuoso de lo que te gustaría. Pero, en definitiva, si consigues hacer aunque solo sea un pequeño cambio de rumbo hacia una dirección que tenga sentido para ti, habrá sido un progreso.

Capítulo 1
El coste de intentar ser el mejor

El perfeccionismo cumple distintas funciones. Puede estar motivado por el deseo de logro: conseguir éxito, amor, fama, prestigio, reconocimiento, riqueza material, elogios o lo que sea. El razonamiento es: «Si soy perfecto, lo conseguiré»* o alguna otra versión de esta idea. Algo de tu pasado o de la imagen que tienes de ti en la actualidad te dice que, a menos que seas perfecto, no lograrás lo que quieres.

Otro motivo para el perfeccionismo puede ser el deseo de evitar los errores. En este caso, no son las

---

* N. de la T.: En inglés, el estilo directo no tiene género (básicamente porque los adjetivos y los participios no lo tienen). En castellano sí. Para reproducir lo más fielmente posible el tono de los autores, que le hablan directamente a cada persona que esté leyendo el libro sin distinción de géneros, me ha parecido lo más aproximado que el mensaje vaya dirigido a veces en femenino y a veces en masculino a la persona que lee, para que todo lector y lectora tenga la oportunidad de encontrarse con un reflejo preciso de su propia experiencia. Confío en haber sabido trasladar al castellano la frescura, sencillez y calidez del original.

aspiraciones mundanas lo que te preocupa; simplemente no quieres cometer ningún error. Tal vez piensas que si algo sale mal, será culpa tuya o que se te juzgará por tus faltas. Tal vez incluso te preocupa que meter la pata signifique defraudar a la gente.

Sea cual sea la función que cumple tu perfeccionismo, todo eso que has hecho y que haces para ser perfecto, o para no ser un fracaso, te pasa factura. Aunque quizá seas consciente de algunos de estos efectos negativos, es importante que sepas exactamente cuál es el coste *total* de intentar ser el mejor. A fin de cuentas, eres tú quien paga.

El juego del perfeccionismo

Intentar hacer las cosas a la perfección o evitar cometer errores son distintas maneras de jugar a un mismo juego. Los movimientos que haces en el juego están asociados a unas expectativas; cuando los objetivos que persigues y los resultados que obtienes en la práctica coinciden, estás jugando «bien». Si, por ejemplo, te pasas horas planeando una acampada para asegurarte de que todo marcha como una seda y resulta que, gracias a tu planificación, el viaje va a las mil maravillas, tu jugada ha funcionado. Si a pesar de tu planificación el viaje resulta desastroso, tu jugada ha sido ineficaz. Ganar significa ver cumplidos tus objetivos por muy irracionales que sean, no cometer ningún error o sentirte satisfecho contigo y con tus logros al terminar.

Para ganar, tienes que perseverar en el juego aunque el perfeccionismo te lance bolas rápidas una detrás de otra: miedo al fracaso, vergüenza de no estar a la altura, estrés por tener la casa hecha un desastre, preocupación por lo que otros puedan pensar de ti o el constante sentimiento de «no valgo». ¿Qué haces con todos estos pensamientos y sentimientos? Una posibilidad es contraatacar: trabajar sesenta horas a la semana, conseguir un trabajo bien remunerado, comprarte una mansión, hacerte un jardín de ensueño, encontrar la pareja o parejas perfectas y leer en Internet una página entera de opiniones para asegurarte de que compras la mejor cafetera exprés, todo ello para demostrar que *no* eres un fracaso, que *sí* vales. Ganar significa demostrar que esos pensamientos y sentimientos están totalmente equivocados. Y si en algo no has alcanzado del todo tus expectativas, lo compensas esforzándote el doble la próxima vez. Esta es una forma de ganar. Por desgracia, sin embargo, la estrategia de «ser perfecto» tiene algunos efectos secundarios:

- **El estrés** se manifiesta en forma de tensión muscular, dolores de cabeza, irritabilidad y desajustes del apetito (saltarte una comida, darte luego un atracón y cosas por el estilo).
- **La preocupación** te invade la conciencia y rara vez se calla.
- **La ansiedad** te persigue todo el día hasta que te acuestas y no te deja dormir por la noche.

Hasta ahora, al demostrarle fidelidad a esta estrategia, implícitamente has decidido que la perspectiva de ganar vale la angustia que te crea.

Otra posibilidad es que estés tan agotado de jugar contra el perfeccionismo que te dejes caer en mitad de la cancha y aceptes la derrota: que en la universidad elijas la especialidad más fácil, que no te decidas a presentar la solicitud para un ascenso, que te sientes a ver por tercera vez consecutiva la serie *Insecure* en lugar de deshacer las maletas o que dejes para el último minuto cada trabajo que tienes que presentar. La estrategia es no hacer ningún movimiento, para que el perfeccionismo no pueda culparte de nada, o hacer la menor cantidad de movimientos posible y salir del paso con el mínimo esfuerzo. La idea de base: «Si no lo intento, no puedo fallar» o «¿Para qué molestarme si no lo puedo hacer a la perfección?». Pero todo esto es inútil, porque al rendirte entras en un surco de procrastinación y culpa, lo que significa que, en cualquier caso, pierdes.

El precio de jugar al perfeccionismo

Considera el perfeccionismo como una transacción: pagas un determinado precio por obtener cierto resultado. Por ejemplo, pagas tres horas de sueño por sacar un sobresaliente en el examen de mañana. Renuncias a ver una película con tu familia a cambio de disminuir la ansiedad que te provoca no recoger la ropa del tendedero. Pagas con tu bienestar emocional la aprobación externa. Llevas toda la vida haciendo esta clase de transacciones cada vez que tienes que escoger entre dos alternativas posibles. A veces, decides por puro hábito: «Claro que voy a quedarme despierta hasta que haga falta porque mañana tengo que hacer un pase de diapositivas impecable; no puedo hacer una presentación mediocre». Otras veces, la decisión es deliberada: «No pasa nada por que pierda horas de sueño y me estrese cuidando de cada detalle; quiero que salga una cena perfecta».

Por desgracia, nuestros cálculos mentales no suelen corresponderse con la realidad: perder horas de sueño no garantiza un sobresaliente ni sacrificar la salud emocional nos asegura ningún elogio. Pero estamos siempre tan ocupados pensando en la siguiente tarea que no reparamos en que el trato que habíamos hecho en la anterior ha sido un engaño. Antes de que te des cuenta de que no has recibido el sentimiento de «valer de verdad» en recompensa por tus años de esfuerzos en la facultad, estás ya estresado preparando una solicitud de empleo para iniciar tu práctica profesional. En cuanto vuelves a casa después de la excursión con tu familia, empiezas a preocuparte por planear las próximas vacaciones.

Y esto no es todo: suele haber además costes ocultos que no se tienen en cuenta a la hora de tomar decisiones. Dormir poco puede afectar a tu estado de ánimo y hacer que no sea demasiado agradable estar en tu compañía, lo cual influirá en la calidad de tus relaciones. Verte planificar obsesivamente cada detalle de una celebración puede provocarles frustración a aquellos que solo quieren que disfrutes de la fiesta con ellos, e incluso disuadirlos de invitarte a futuras fiestas. Tu salud emocional puede sufrir no solo en el momento o a corto plazo, sino durante meses e incluso años después. Todo esto forma parte del precio que pagamos por jugar a este juego.

Dedica un momento a reflexionar sobre lo que ha supuesto para ti el juego del perfeccionismo. Responde en tu cuaderno a las preguntas que formulamos a continuación. Tómate el tiempo que necesites, no dejes que sea el cerebro el que responda. A lo largo de tu vida has ido recopilando datos sobre tu rendimiento en el juego, algo así como tu propia «sabermetría» (como en la película *Rompiendo las reglas*),[*] así que escucha la voz de la experiencia.

1. **¿A qué has renunciado para poder jugar?** Este es el precio que has pagado por comprometerte con el perfeccionismo. Incluye el tiempo, la energía, las horas de sueño, las relaciones, el respeto a ti misma, los sueños y las libertades a los que has renunciado por concentrarte en ser perfecta. Repasa cómo te han afectado a nivel físico

---

[*] N. de la T.: La «sabermetría» (del inglés *sabermetrics*) es el análisis del béisbol basado en la evidencia objetiva, concretamente a partir de las estadísticas, a fin de evaluar acertadamente las actividades que se suscitan dentro del terreno de juego. El término se deriva de las siglas SABR, de Society for American Baseball Research ('sociedad estadounidense para la investigación del béisbol').

y emocional la ansiedad, el estrés y la preocupación que acompañan a la necesidad de que las cosas salgan o sean de una manera determinada. ¿Cuántos momentos valiosos te has perdido por hacer caso de la incesante cháchara mental? ¿Cómo te sientes al levantarte después de una noche en blanco a causa de la ansiedad? ¿Hasta qué punto has traicionado tus principios por complacer a otros? ¿Cómo te sientes cuando las personas más próximas a ti te dicen que se sienten abandonadas o frustradas por tu negativa a aflojar un poco? ¿Qué síntomas físicos aparecen cuando pones en peligro tu salud mental y emocional por buscar la perfección?

2. **¿Qué consigues con este juego?** Esta es la recompensa a tu empeño por ser perfecta o por evitar los errores. Tal vez la gente piensa que eres inteligente, o destacas en todo lo que haces, o consigues alejarte de la idea de que eres un fracaso absoluto. Jugar al juego del perfeccionismo tiene sus beneficios; no habrías seguido jugando durante tanto tiempo si no sacaras nada de él. Piensa en qué beneficios son esos.

3. **¿Qué has hecho para intentar vencer el perfeccionismo?** Reflexiona sobre las estrategias eficaces e ineficaces que has utilizado para resolver, arreglar, superar o sobrellevar el perfeccionismo. Escribe respuestas concretas y detalladas, por

ejemplo: apelar a la fuerza de voluntad, repetirte que eres una fracasada para motivarte, revisar cuatro veces tu trabajo, evitar las tareas que parecen demasiado difíciles, posponer tareas importantes hasta el último minuto, aceptar más trabajo del que en circunstancias normales podrás hacer, decir siempre que sí a todo, recorrer una docena de tiendas en busca de las plántulas de tomate perfectas, pasar horas preparando la lista de la compra o fingir que todo va bien incluso aunque parece que tu mundo está a punto de derrumbarse. Anota en tu cuaderno al menos cinco estrategias que hayas probado.

4. **¿Cuánto te han ayudado estas estrategias (las que hayas escrito en respuesta a la pregunta anterior) a vencer el perfeccionismo?** Haz una columna para cada una de ellas y evalúa lo eficaz que ha sido a corto y a largo plazo, es decir, si te ha servido para ganar un set o para ganar el partido. Responde con sinceridad. ¿Cuánto más cerca estás de ganar el partido y acabar definitivamente con esta incesante volea? Ganar significa creer en lo que vales y no tener que sufrir nunca más la ansiedad, el estrés y la preocupación del perfeccionismo.

Una vez que hayas respondido a estas cuatro preguntas, reflexiona sobre si luchar contra el perfeccionismo o intentar alcanzar la perfección ha sido *para ti* una inversión inteligente. El único criterio que importa aquí sois tú y tu bienestar. No te limites a considerar el coste (pregunta 1); ten en cuenta también lo que obtienes del juego (pregunta 2). Compara tu respuesta a la pregunta 1 con la de la pregunta 2. ¿Ha merecido la pena el coste global del perfeccionismo? Anota las reacciones que te provoque esta pregunta. Ninguna reacción es correcta ni incorrecta; permítete mirar de frente todo lo que ha supuesto jugar contra el perfeccionismo durante tanto tiempo.

A continuación, mira lo que has respondido a la pregunta 4 y anota cualquier reacción que tengas a cómo has evaluado la eficacia de tus estrategias. Una vez más, no te apresures en responder. Lee tu respuesta con calma. Quizá descubras algo, quizá no; aquí están permitidas toda clase de experiencias.

Muchos descubren que sus estrategias resultan eficaces a corto plazo pero a la larga les crean más estrés, así que llegan a la conclusión de que necesitan estrategias de efectos más duraderos. Es un razonamiento lógico; de hecho, es lo que cualquier buen deportista te aconsejaría. Pero ¿y si en *este* juego los resultados no dependen de la inteligencia, la fuerza o la perseverancia? No hay duda de que, si el perfeccionismo se pudiera resolver, ya habrías dado con la solución (repasa la lista de estrategias que has escrito en respuesta a la pregunta 3). Sospechamos que tienes verdadero interés en solucionarlo (lo que quiera que eso signifique para ti) y que has invertido en ello mucho tiempo y energía. Pero ¿y si te dijéramos que no es la falta de talento o de esfuerzos el motivo de que no lo hayas conseguido, sino que el perfeccionismo es un juego imposible de ganar? Escucha los datos que has recopilado al respecto a lo largo de tu vida.

Ahora entra en el siguiente nivel del ejercicio, más allá de la efectividad: las estrategias que empleas ¿te hacen amar la vida, sentirte como esperabas, ser una persona más amena y agradable? Responde a unas cuantas preguntas más en el cuaderno:

- ¿Te satisface más tu vida ahora que hace un año?
- ¿Va todo como quieres realmente?
- ¿Crees que una vida dominada por la ansiedad, el estrés y la preocupación puede ser un objetivo que valga la pena alcanzar?
- ¿Qué va a pasar si sigues dejando que este juego dirija tu vida?

Considera con calma estas preguntas, son importantes para saber por qué estás tratando de cambiar las cosas. Hablemos claro, no pretendemos asustarte; si jugar al juego del perfeccionismo te llena de alegría, ni lo dudes, sigue haciéndolo todo como hasta ahora. Pero ¿es así en tu caso? Solo aspiramos a que admitas con sinceridad si te gusta tu vida *tal como es*. ¿Eres realmente feliz en el sentido más profundo de la palabra? No te preguntamos si estás siempre sonriente, siempre riendo, sino ¿sientes el corazón rebosante y el alma contenta incluso después de un día muy largo o en medio de situaciones difíciles? Si vives con la idea de que disfrutarás de la vida en algún momento futuro, ¿cuánto tiempo más piensas esperar y cuánto tiempo llevas ya esperando?

Basándonos en los relatos de las personas con las que hemos trabajado, sabemos que el empeño en seguir jugando puede significar que te retrases tanto en lo que sea que tengas que hacer que acabes abandonándolo del todo, que al mirar atrás te des cuenta de que has sido infeliz la mayor parte de tu vida, que el presente tal cual es se te pase de largo por la necesidad constante de planificar y optimizar cada momento, que experimentes un desgaste considerablemente mayor que el de la gente de tu edad, que elijas dedicarte a actividades fáciles o que no te ponen a prueba pero que no te dicen nada o incluso que sabotees relaciones valiosas porque la otra persona no está a la altura de lo que esperas de ella. Todo esto ya lo sabes. Pero vivir es mucho más que intentar ser perfecta; probablemente hay cantidad de cosas que te importan en la vida, además de triunfar o no meter la pata. Recuerda que fuera de la cancha es mucho lo que te espera. Así que ¿por qué seguir volcando tu tiempo y tu energía en este juego? Ahora que tenemos una idea más clara de los costes, los beneficios y la eficacia del perfeccionismo, examinemos de dónde nace esta necesidad de ser perfectos.

Las raíces del perfeccionismo

¿Por qué nos duele tanto equivocarnos? ¿Por qué nos cuesta tanto tolerar la incertidumbre, o dejar de hacer las cosas de determinada manera? Seguro que no fue decisión tuya vivir siempre en tensión por no estar a altura de un ideal imposible o criticarte sin piedad cada vez que cometes el más mínimo error. ¿De dónde sale el perfeccionismo y cuándo empezó a apoderarse de tu vida?

El perfeccionismo tiene sus raíces en tu pasado. Tal vez creciste entre adultos muy exigentes que te demostraban su aprobación solo cuando cumplías sus expectativas. Por ejemplo, tus padres te elogiaban cuando te iba bien en la escuela o hacías amigos que eran de su agrado. Así que, desde muy pronto, aprendiste que la única forma de recibir cariño era destacar o encajar en el molde que se había creado para ti; hacer lo que de verdad querías no te proporcionaba eso que todo ser humano necesita esencialmente: aceptación social. De hecho, más bien lo contrario. Cada pequeño error que cometías se magnificaba y se criticaba, de modo que empezaste a comportarte con mucha precaución. Aprendiste que si eras perfecto o nunca cometías errores todos te querían; y como pequeño ser inteligente, probablemente dedujiste también que siendo quien eras no te quería nadie.

Tal vez tus cuidadores deseaban que progresaras a toda costa porque creían que esforzarte al máximo y brillar en los estudios te aseguraría una vida feliz. Por eso, cuanto más lograbas, más te exigían. Si conseguías un papel en la obra de teatro del colegio, te preguntaban cómo es que no te habían dado el papel protagonista. Después de tu primer recital de violín, te recordaron que debías seguir progresando a buen ritmo. En cuanto tuviste una raqueta y aprendiste con grandes esfuerzos a dar el golpe de derecha, te dijeron que empezaras a aprender el golpe de revés. Si este es el mensaje que escuchaste innumerables veces durante la infancia y la adolescencia («Puedes y debes hacer más») entonces, a estas alturas, probablemente sientas que en el fondo no vales lo suficiente. ¿Cómo podrías no sentirlo? La única manera de valer lo suficiente es siendo perfecto. Si eres perfecto, significa que ya no puedes ser mejor y por fin puedes dejar de intentar superarte.

O quizá eras perfecto. Ganabas las carreras, sacabas sobresalientes y eras el mejor en todas las representaciones escolares. Te acostumbraste a ser perfecto y a todas las recompensas que lo acompañaban: a los elogios, la popularidad, el orgullo. Luego llegó un momento en que empezó a costarte más alcanzar la perfección; tus nuevos compañeros de clase eran más inteligentes, las materias tenían mayor dificultad y la vida te exigía más de lo que te había exigido nunca. Te diste cuenta de que no tenías tanto talento como creías (o como te habían dicho) y de que, aunque te esforzaras lo mismo que antes, seguirías sin ser el mejor. Entonces, ¿qué sentido tenía molestarte siquiera? Era o la perfección o nada, y es más humillante fracasar habiéndolo intentado que fracasar sin intentarlo,

Ansiedad y PERFECCIONISMO

así que en algún momento decidiste tomar el camino más seguro y no intentarlo ya más.

Cada cual tenemos nuestra historia de cómo echó raíces en nosotros el perfeccionismo y se coló por las grietas de nuestra vida. Quizá la tuya sea totalmente distinta de las que acabamos de describir. Aun así, debió de estar presente en algún sentido esa tendencia a alentar o recompensar la perfección y a desaprobar o incluso castigar todo aquello que no fuera perfecto. Estos son los elementos de los que nace la visión perfeccionista del mundo. Reflexiona sobre tu historia personal. ¿Cuáles son las raíces de tu necesidad de perfección? ¿Las ves entretejerse en tu vida actual? Escribe en el cuaderno tu relato de perfeccionismo.

Presionados a perseguir lo inalcanzable

La perfección existe en sentido figurado, no literal. Se podría entender quizá que alguien intentara ser perfecto si la perfección fuera alcanzable, pero no lo es. La idea de la perfección lleva implícito que *nada* es suficiente; en la vida real, siempre habrá algún fallo, alguna equivocación, algún paso en falso. Además, la definición de perfección va cambiando constantemente; lo que considerabas perfecto cuando empezaste a hacer algo ya no lo es cuando lo consigues. Así que aspirar a la perfección es como perseguir un ente inexistente: nunca lo alcanzarás por mucho que corras. Es como jugar a un juego en el que tu

34

oponente cambia las reglas cada vez que lo adelantas: es injusto y agotador.

La forma en que se manifiesta esa naturaleza caprichosa del perfeccionismo es siempre dolorosa. Piensa en algo muy difícil que hayas conseguido en algún momento de tu vida, algo que en principio te parecía casi inalcanzable porque les estaba reservado a los más especiales, los más inteligentes o los más fuertes. Pudo ser una beca, un trabajo, un determinado número de amigos en las redes sociales o un récord personal de salto. Trabajaste con tenacidad para conseguir ese objetivo creyendo que lograrlo sería la acreditación que tanto deseas. Es posible que incluso se te pasara por la cabeza que alcanzar ese objetivo sería la demostración inequívoca de tu valía como ser humano.

¿Qué pasó cuando lograste tu objetivo? ¿Ganaste el partido y siguió todo lo demás, o de repente cambiaron las reglas? ¿Dijiste: «¡Lo he conseguido, soy formidable!» o de inmediato le quitaste importancia («Tampoco ha sido para tanto») y empezaste a sacarte faltas? La realidad es que la perfección es una ilusión que estás condicionado a perseguir, así que te engañas una y otra vez participando en un juego en el que es imposible ganar.

¿Qué quieres tú?

Hay cosas que te importan aparte de ganar el partido. Lo sabes intuitivamente, si alguna vez te has sentido en lucha entre hacer lo que sabes que la sociedad, tus colegas o las figuras de autoridad quieren que hagas y hacer lo que tú deseas. Por ejemplo, te apuntaste a clases de piano en lugar de quedarte a jugar con tus amigos después del colegio. Estudiaste Biología en lugar de Historia del Arte. Te ofreciste a hacer magdalenas para un acto social de la iglesia, una vez más. Aceptaste trabajar para una empresa de prestigio en lugar de para la que daba prioridad al bienestar de los empleados. Seguiste con tu marido para evitar ser una divorciada a los treinta años.

La consecuencia de intentar complacer siempre a los demás es que no sabes lo que te importa si no es en relación con una respuesta externa, porque nunca te has planteado qué es lo que tú necesitas y deseas. Es comprensible. Al fin y al cabo, identificar y expresar tus necesidades y deseos no te sirvió en tu infancia para ganarte la aprobación de nadie. Ocurrió más bien lo contrario; fue identificar lo que esperaban de ti los demás, y esforzarte por cumplir sus expectativas, lo que te hizo más aceptable a sus ojos. Entiende esto con mucha claridad: te han adiestrado para que des prioridad siempre a las necesidades de los demás a expensas de las tuyas, y lo has estado practicando durante años, hasta el punto de que es ya básicamente un automatismo. Así que *por supuesto* que vas a ir a dar de comer a los peces de tu amiga aunque signifique renunciar a los planes que tenías para el fin de semana. *Por supuesto* que vas a invitar a tu boda a cincuenta personas a las que no has visto en los últimos diez años. Relegar al momento tus necesidades es ya un hábito en ti, y dado que es una decisión que tomas de un modo principalmente inconsciente, quizá no te das cuenta de que lo haces para tratar de caerles bien a los demás y que te acepten.

Como experimento mental, mira a ver si eres capaz de desvincularte de todas las normas, deseos y expectativas que te han impuesto. Imagina que eres un ser humano perfecto y no tienes nada que demostrar. Si no tuvieras que dar cuentas a nadie más que a ti, ¿qué querrías hacer mientras estás en este planeta? Podría ser cultivar una conexión profunda con otros seres humanos, colaborar activamente en la defensa del medioambiente, explorar el mundo —sus acantilados, océanos, ciudades y culturas— o engendrar una nueva vida, atender a las necesidades de ese pequeño ser y verlo aprender a andar, caerse y levantarse de nuevo. Anota en tu cuaderno lo que se te ocurra.

Mientras descubres lo que quieres, visualiza una escena que te llene de alegría y calidez, y luego responde a estas preguntas:

- ¿Dónde estás?
- ¿Quién está contigo?
- ¿Qué estás haciendo?
- ¿Qué sientes?
- ¿Qué ves y qué oyes?
- Y por último, ¿cuánto coincide esta escena con tu actual búsqueda de perfección?

La alegría, la calidez y el perfeccionismo no son demasiado compatibles. De hecho, intentar alcanzar la perfección crea ansiedad, estrés y preocupación constantes. Has invertido un tiempo y una energía muy valiosos en intentar erradicar de tu vida los errores, ser ultracompetente y caerle bien a todo el mundo. El problema de esta transacción es que el tiempo y la energía invertidos no te han hecho una persona más perfecta ni más satisfecha, principalmente porque la perfección es un ideal, un ídolo. Sin embargo, como las consecuencias del perfeccionismo no son obvias al momento, sigues esforzándote por ganarle. Y lo que es más, las normas sociales y toda la educación que has recibido te presionan para que sigas jugando al juego del perfeccionismo.

Puede que incluso te hayas convencido de que intentar ganar es precisamente lo que quieres, así que no tienes escapatoria, estás en mitad de un partido amañado creyendo que solo hay dos opciones posibles: seguir intentando ganar o aceptar la derrota. Nosotros no estamos de acuerdo, y la mayor parte de este libro explica por qué y también lo que entendemos que es una alternativa. Pero antes de entrar en qué podemos hacer con el perfeccionismo, conviene que miremos a la bestia a los ojos y nos enfrentemos a eso contra lo que llevamos jugando (y perdiendo) todo este tiempo.

Capítulo 2

Cuando el perfeccionismo se interpone en tu camino

Mientras sigas jugando al perfeccionismo, seguirás perdiendo. Perdiendo ocasiones de estar presente con las personas a las que quieres, de embarcarte en aventuras que entrañen incertidumbre y de descubrir todo tu potencial, más allá de los confines del perfeccionismo. La lente del perfeccionismo tiñe todo lo que ves, así que no puedes ni imaginar un espacio que esté libre de su influencia, libre de la voz que te recuerda a cada momento «haz más» y «cuidado, no te equivoques». Por eso es fundamental que examines con atención la lente a través de la cual has experimentado el mundo hasta ahora. Una vez que puedas ver una versión de tu vida que no esté bajo los efectos del perfeccionismo, tendrás una idea más clara de cómo proceder. De modo que, antes de entrar en las técnicas y estrategias, es imprescindible que entiendas cómo funciona el perfeccionismo y sepas reconocerlo cuando aparece en tu vida.

Qué es el perfeccionismo

A grandes rasgos, se entiende que el perfeccionismo es trabajar con la excelencia como meta. El estudiante o el profesional fuera de serie se consideran en general el prototipo del perfeccionista. Sin embargo, el perfeccionismo tiene más que ver con la meticulosidad que con la superación, y se manifiesta de maneras muy diversas: en la vecina cuya valla sigue sin pintar porque no es capaz de decidirse entre el blanco cáscara de huevo o el blanco marfil, en el amigo que sufre una crisis de ansiedad si las cosas no salen exactamente como había planeado, en la artista que no ha conseguido crear nada después de pasarse horas en el estudio, o en el universitario que dedica más tiempo a organizar las tareas que a hacerlas. Todos ellos podrían ser perfeccionistas.

Hay dos tipos de perfeccionismo: *funcional* y *disfuncional* (Bieling, Israeli y Antony 2004; Stoeber y Damian 2014). El perfeccionismo funcional o favorable es una manera escrupulosa de trabajar que resulta gratificante y ayuda a obtener buenos resultados. Este tipo de perfeccionistas dicen sentirse felices, satisfechos y despiertos (Stoeber y Otto 2006; Suh, Gnilka y Rice 2017), y pueden ser altamente productivos sin agotarse. Les gusta esta forma de vida y les va bien ser así.

Por el contrario, el perfeccionismo disfuncional o contraproducente se caracteriza por la autocrítica, el empeño inflexible en conseguir niveles de calidad irracionales, la angustia cuando no se consiguen y la insatisfacción incluso cuando sí. No es de extrañar que el perfeccionismo disfuncional esté vinculado a afecciones psicológicas como la depresión, el trastorno obsesivo-compulsivo, trastornos de la conducta alimentaria y trastornos de ansiedad (Egan, Wade y Shafran 2011), además de crear a diario estrés añadido y constante mal humor (Prud'homme *et al.* 2017). Al parecer, estas asociaciones son las mismas en todas las culturas (Park y Jeong 2015), lo que significa que probablemente el perfeccionismo disfuncional trasciende las particularidades culturales. Este tipo de perfeccionismo frustra precisamente aquello que pretende conseguir, ya sea éxito, felicidad o productividad.

Es posible que reconozcas en ti algo de esto. Si es así, no disfrutas demasiado con lo que haces. Hacer es estresante porque te reprendes todo el tiempo y terminar lo que estás haciendo es decepcionante porque ningún resultado es jamás lo bastante bueno. O también cabe la posibilidad de que seas tan exigente contigo que no te atreves a dar un paso; no quieres correr el riesgo de hacer un movimiento en falso y fracasar, así que no te mueves. Desde fuera, alguien podría interpretarlo como pereza o falta de motivación cuando, en realidad, en tu interior todo gira a velocidad de vértigo, aunque tristemente para nada. Así es como el perfeccionismo disfuncional se interpone en tu camino.

Hay tres diferencias principales entre el perfeccionismo funcional y el disfuncional.

Acción versus evasión. El perfeccionismo funcional y el disfuncional se diferencian en el *motivo* o el *propósito* que guía el comportamiento perfeccionista. Es decir, ¿qué nos mueve a esforzarnos? En el perfeccionismo funcional, la motivación suele ser *lograr* una determinada consecuencia (refuerzo positivo), mientras que la motivación en el perfeccionismo disfuncional es *evitar* o *rehuir* una consecuencia indeseada (refuerzo negativo; Bieling, Israeli y Antony 2004).* En el primer caso, el perfeccionismo actúa como la zanahoria que el burro persigue en la fábula y en el segundo como el palo de su amo.

En definitiva, ¿actúas para obtener una recompensa o para evitar una consecuencia aversiva? Por ejemplo, terminar siempre los trabajos a tiempo puede ser funcional o disfuncional. Si lo que te mueve a completarlos en el plazo previsto es sentir la satisfacción por el trabajo bien hecho, es un perfeccionismo funcional, pero si el motivo

---

* N. de la T.: En el capítulo nueve se explican los detalles del «condicionamiento operante» (Burrhus Frederic Skinner, 1904-1990), teoría conductista sobre el aprendizaje por asociación de una conducta con sus consecuencias. Como técnica conductual, utiliza el refuerzo, que es cualquier evento que aumente la probabilidad de que se dé una conducta y que puede ser positivo o negativo. Un refuerzo positivo es el que favorece una conducta suministrando algo que agrada y un refuerzo negativo es el que la favorece al eliminar algo que desagrada.

es evitar que tu supervisor haga una evaluación negativa de tu trabajo, es disfuncional. Si llevas horas debatiéndote entre tomar el avión que aterriza a la una del mediodía o el que aterriza a las tres y media porque no estás seguro de a qué hora exactamente habrá menos tráfico, este es un perfeccionismo disfuncional, ya que estás intentando *evitar* el estado aversivo de equivocarte. Las consecuencias que intentamos evitar pueden ser sucesos del mundo exterior, como fracasar en una entrevista de trabajo, o experiencias internas, como sentirnos incompetentes. En general, el perfeccionismo funcional tiene que ver con un logro que nos hace sentirnos satisfechos, mientras que el perfeccionismo disfuncional consiste en evitar el fracaso.

Proceso versus resultado. El perfeccionismo puede estar enfocado en el proceso u orientado hacia los resultados. El primer enfoque coincide en buena parte con el perfeccionismo funcional; se saborea lo que se está haciendo, que cobra sentido en sí mismo independientemente de cuál sea el resultado. Es el caso del aspirante a panadero que sigue amasando y horneando a pesar de que los primeros hojaldres salieran con la base reblandecida y los bizcochos genoveses, secos. En cambio, cuando el perfeccionismo se enfoca en los resultados, eso es lo único que importa, hasta el punto de que unos resultados imperfectos anulan todo el esfuerzo invertido.

La distinción entre estos dos tipos de perfeccionismo es importante, ya que tenemos más control sobre lo que hacemos y cómo lo hacemos, es decir, el proceso, que sobre el resultado final de cualquier acción. Si establecemos que los resultados sean la medida del éxito, este escapa a nuestro control, mientras que si definimos el éxito basándonos en el proceso o en cómo abordamos las tareas, lo podemos controlar. Por ejemplo, ¿sobre qué tienes más control: sobre aprender cosas *con curiosidad* o sobre sacar un sobresaliente en cada examen? ¿Sobre *estar presente* en la primera fiesta de cumpleaños de tu hija o que todo el mundo se divierta? ¿Sobre ser una persona *auténtica* o caerle bien a la gente?

El problema de enfocarte en el resultado es que tienes la sensación de estar continuamente intentando atrapar algo que siempre se te escapa por muy poco, vives en el limbo del «casi». La cena salió *casi* perfecta, salvo porque se te quemaron las judías verdes. Has tenido una semana *casi* perfecta, salvo porque te perdiste la clase de yoga del martes por la mañana. Y estar tan cerca de la perfección es probablemente lo más peligroso, porque te hace creer que el resultado que quieres conseguir está a tu alcance, así que sigues intentándolo e intentándolo. En cambio, si te centras en el proceso es posible que encuentres cierto placer sencillamente en hacer lo que tienes entre manos, sin expectativas de hacerlo cada vez mejor. En el espacio del «proceso», puedes ser exactamente como eres.

Relación informal versus de compromiso. Por otro lado, los perfeccionistas funcionales y los disfuncionales se relacionan de forma diferente con sus respectivos niveles de exigencia. Si eres amable contigo cuando no consigues lo que ambicionas, es probable que estés en el extremo funcional. En cierto modo, tienes una relación informal con el alto nivel de calidad que te propones conseguir. Le das importancia si aporta algo positivo a tu vida y se la quitas si no te aporta nada; no tienes el compromiso de hacer nada por él. También es posible que, si el tuyo es un perfeccionismo funcional, seas más consciente de tus capacidades y tus limitaciones y sepas cuándo no ser excesivamente exigente contigo. Habrá veces que apuntes alto, falles y aun así tengas la satisfacción de haber hecho el esfuerzo. En otras palabras, es probable que, si eres un perfeccionista funcional, te trates con más comprensión cuando las cosas se tuercen.

Por el contrario, si eres inflexible en el nivel de calidad que te exiges y te valoras en función de si eres o no capaz de alcanzarlo, probablemente estés en el extremo disfuncional. En este caso, tienes una relación de compromiso con ese nivel de excelencia; lo has investido de autoridad y te sientes absolutamente responsable ante él. Además, si no eres capaz de cumplir con sus exigencias te angustias y haces lo imposible por aplacarlo. A los perfeccionistas disfuncionales el fracaso les resulta intolerable y les provoca una intensa vergüenza y culpabilidad. La suya es una existencia triste.

Una mirada a fondo al perfeccionismo disfuncional

Como era de esperar, este libro trata sobre el perfeccionismo disfuncional, así que vamos a examinarlo con detalle. Lo primero que debes saber es que la autocrítica despiadada es la base del perfeccionismo disfuncional; y por «autocrítica despiadada» nos referimos a decirte cosas que jamás le dirías a nadie:

- «Nunca valdrás lo suficiente».
- «Nadie te aceptará siendo quien eres».
- «Eres y serás siempre un fracaso».
- «Eres un ser humano defectuoso y nada que hagas lo va a cambiar».

La autocrítica es como una lista de reproducción inteligente que se repite sin fin mientras va aprendiendo cuáles son tus inseguridades más profundas y se va volviendo cada vez más cáustica. Recoge selectivamente pruebas de tu inutilidad, desechando cualquier dato que pudiera indicar lo contrario, y te atormenta mostrándote la «realidad» de que no vales nada. Esa autocrítica puede no ser un problema si no le damos más importancia que a las protestas de un niño de cinco años presa de una rabieta; ahora bien, si nos la tomamos en serio, nos crea un tremendo estrés emocional. Seguiremos hablando de esto en el capítulo cinco.

Una segunda característica del perfeccionismo disfuncional es la adhesión incondicional a las reglas, modelos y expectativas, como por ejemplo:

- *Tienes* que hacer siempre lo correcto.
- No entregues un trabajo *a menos que* esté impecable.
- Cometer un error *demuestra* lo patético que eres.
- Actúa únicamente si *estás seguro* de que has tomado la decisión correcta.
- *Debes* tener éxito en todo lo que hagas.

Adhesión incondicional significa atenerse a las reglas y cumplir con las exigencias cueste lo que cueste, incluso aunque para ello tengas que sacrificar comidas, horas de sueño, tiempo de estar en familia, citas, deportes o aficiones. La menor desviación de las reglas y expectativas demuestra la persona tan incompetente, torpe, patética o ingenua que eres, así que trabajas con celo para cumplir una expectativa detrás de otra.

El problema de exigirte esa adhesión a las reglas y a los modelos es que no puedes ganar; de hecho, solo puedes perder. El listón está exageradamente alto y el margen de error es disparatadamente pequeño. Lo tienes todo en contra, y estás atrapado en una batalla perdida de antemano.

El tercer aspecto del perfeccionismo disfuncional es que los niveles de calidad que te exige son subjetivos, por lo cual nunca sabes con seguridad si los alcanzas, ya que podrías argumentar que sí o que no *ad infinitum*. La mayoría de las veces utilizarás esa subjetividad para convencerte de tu fracaso: con cumplir el plazo de entrega de un trabajo no será suficiente, porque podrías haberlo terminado antes; recibir de tu supervisor una valoración positiva no será señal de éxito, porque solo está intentando ser amable. El perfeccionismo hace que, incluso aunque cumplas el objetivo que te habías puesto, no cuente, porque si has logrado cumplirlo, significa que era mucho más fácil de lo que suponías.

Si alguna vez te has dejado la piel intentando terminar «satisfactoriamente» el trabajo que fuera, acuérdate de cómo calculaste lo que significaba «satisfactoriamente». ¿Tenías unas pautas de evaluación objetivas que establecían con precisión los criterios que debía cumplir el trabajo, o la valoración de si era «satisfactorio» se basaba en un parámetro arbitrario que dependía de que tú estuvieras contento con él? Cuando la definición de aquello a lo que te enfrentas es escurridiza y las reglas cambian sin parar, por muy bien que hagas algo, nunca será suficiente.

Ejemplos de comportamientos perfeccionistas

El perfeccionismo está definido por lo que se intenta conseguir con él o por su propósito (es decir, su función), y por tanto no hay un determinado conjunto de comportamientos que pueda abarcar todo lo que entraña. Cualquier acción puede ser perfeccionista si con ella pretendemos demostrar lo competentes que somos en cualquier sentido, evitando cometer errores, ateniéndonos a una regla de cómo lograr la excelencia o intentando cumplir unas expectativas ilusorias. La persona dinámica y ambiciosa que destaca en distintos terrenos, que presta excesiva atención a los detalles, que es rigurosamente organizada y sumamente eficiente es un tipo de perfeccionista. La persona que entrega un trabajo excelente justo en la fecha límite pero que, para ello, ha dejado la compra sin hacer, se ha saltado el gimnasio y no ha ido a la fiesta de cumpleaños de su hermana es otro tipo de perfeccionista. Como lo es la que siempre llega tarde, que vive en el más absoluto desorden, que lo deja todo para después y está perpetuamente distraída. Aunque por su presentación parezcan personas muy distintas, el perfeccionismo cumple en todas ellas la misma función.

Por el contrario, hay comportamientos que parecen similares y tienen sin embargo funciones diferentes. Por ejemplo, la procrastinación podría ser consecuencia (a) de que estés más interesado en subir de nivel en *World of Warcraft* que en pasar la aspiradora (lo cual no es perfeccionismo) o (b) de la indecisión porque sientes que es de vital importancia hacer la elección «correcta» (lo cual sí es perfeccionismo). En este último caso, la regla dice que no puedes comprometerte con una decisión hasta tener la seguridad de que es la decisión correcta. Y como el ser humano vive en perpetua incertidumbre, nunca tomas ninguna decisión.

Otra regla que está en la base de la procrastinación perfeccionista es que no puedes proceder con una tarea hasta saber cómo hacerla correctamente. Y una vez más, dado que no puedes saber con seguridad cómo hacer algo a la perfección antes de haberlo hecho, te bloqueas, no tienes ni idea de cómo seguir. Estas situaciones pueden resultar abrumadoras, ya que sientes al mismo tiempo la inmensa presión de hacer las cosas «bien» y una confusión absoluta sobre cómo hacerlo. A causa de estos bloqueos cognitivos y emocionales, hay personas que, sin una fecha límite, pueden procrastinar un proyecto literalmente durante años, ya sea empapelar el sótano, arreglar la bicicleta que está arrinconada en el garaje o encontrar un médico de familia en la ciudad en la que ahora viven.

El perfeccionismo adopta formas tan diversas que es más fácil definirlo atendiendo a su función. A medida que adquieras experiencia en reconocer el motivo o la función de tus comportamientos, sabrás cuándo y cómo cambiarlos para tener una vida más plena. Lo que te proponemos no es necesariamente que cambies *lo que haces*, sino el *por qué* haces lo que haces. Cuando hayas terminado de leer el libro, es posible que tu vida incluso parezca la misma vista desde fuera. Sin embargo, esperamos que si organizas tus carpetas por colores, si ordenas tus libros por orden alfabético y trabajas durante tus vacaciones sea porque disfrutas haciéndolo, no porque una regla diga que lo *debes* hacer.

* * *

En este capítulo hemos descrito dos tipos de perfeccionismo: funcional y disfuncional. El primero, vivificante y productivo, es el tipo de perfeccionismo que la mayoría envidiamos; genera personas fuera de serie que disfrutan siendo brillantes. Por el contrario, el perfeccionismo disfuncional es insostenible y un castigo para quien lo vive: alimenta la autocrítica, la duda, la ansiedad, el estrés, la preocupación, la culpa, la vergüenza y la depresión. Nos asedia con exigencias imposibles que acaban por extenuarnos o empujarnos a la evitación y la procrastinación. El perfeccionismo disfuncional no nos deja salida: podemos o esforzarnos, y aun así sentirnos frustrados porque hemos puesto el listón demasiado alto o porque lo cambiamos de altura constantemente, o rendirnos antes de empezar y convertirnos automáticamente en unos fracasados.

La angustia, la evitación y el esfuerzo inútil asociados al perfeccionismo disfuncional es lo que pretendemos cambiar con este libro. En los capítulos siguientes, exponemos habilidades que puedes desarrollar para mantener la calma en medio de la vorágine del perfeccionismo y retomar el control de tu vida. La primera es la habilidad de reconocer el continuo rumor de fondo del perfeccionismo sin dejar que te mangonee.

Capítulo 3

Reconoce el ruido
sin rendirte a él

El perfeccionismo es agotador. Lo sabemos porque hemos escuchado a nuestros clientes describir todas sus tensiones, ansiedades y miedos, su angustia ante la posibilidad de toda clase de desgracias y sus más lúgubres presentimientos. A veces nos enredamos en sus preocupaciones, incluso cuando el objetivo de nuestro trabajo es ayudarlos a dejarlas atrás. Porque ¿y si resulta que nuestro cliente de verdad se muere solo, y lo encuentran al cabo del tiempo en medio de diecisiete gatos que se están dando un festín con su cadáver en descomposición? «Obviamente, *tienes* que impedir que eso pase», dice el perfeccionismo. Quizá esta retórica te resulte familiar. «De las *demás* preocupaciones no hagas ni caso —asegura—, no son importantes, pero de *esta* sí. Esta tiene consecuencias reales; tienes la *obligación* de tomártela en serio». Cuando te encuentres acorralado, cuando tengas la sensación de estar haciendo malabarismos con innumerables bolas mientras el mundo sigue añadiendo más y más, cuando escenifiques en tu mente los hipotéticos desenlaces de una situación para planear cómo responder en cada caso, es posible que estés a merced del perfeccionismo.

Por qué «deja de preocuparte» no es un buen consejo

En cierto sentido, sería más fácil que no te preocuparas por nada. Así, no tendrías que gastar tu energía mental y emocional lidiando con situaciones imaginarias (algunas más que improbables) como la de convertirte en alimento para tus ingratas mascotas, no encontrar nunca un trabajo que te guste, no conseguir jamás nada de lo que te importa, que nadie te quiera o cometer un error irreversible. Pero no puedes dejar de preocuparte simplemente porque decidas no hacerlo o porque alguien te lo diga. Si fuera así de fácil, lo habrías hecho hace años. La solución no es decir «deja de preocuparte», porque eso es inviable.

Pedirle a alguien que deje de preocuparse es fundamentalmente distinto que pedirle que deje de darse duchas de treinta minutos. Se acerca más, de hecho, a pedirle que deje de hacer que llueva. La preocupación no está del todo bajo nuestro control, así que no podemos ordenarle que haga nada. La realidad es que, la mayor parte del tiempo, los pensamientos son automáticos, aparecen y desaparecen a su antojo. Claro que puedes repetirte mentalmente afirmaciones positivas y puedes intentar hacer la lista de la compra justo antes de quedarte dormido, pero probablemente no sean estos los pensamientos que te gustaría cambiar.

Hablamos de pensamientos como «no sé hacer nada bien» y «nunca valdré lo suficiente» que no podemos eliminar por mucho que discutamos con ellos y por muchos elogios que recibamos. Por ejemplo, puede que elegir un destino para tus próximas vacaciones esté siendo una tortura porque nunca sabes si estás tomando la decisión «correcta», incluso después de todas las horas que has pasado buscando en blogs de viajes, leyendo páginas y páginas de la Wikipedia y debatiendo el asunto con tu pareja. Esta clase de pensamientos, más pegajosos, hacen lo que les da la gana; intentar deshacerte de ellos (como si fueran simples objetos de los que has decidido prescindir porque ya no te alegran la vista) no solo es inútil, sino que probablemente incluso los fortalezca. No obstante, tú lo sigues intentando.

La razón por la que respondes así es que te tomas en serio tus pensamientos. Comprensiblemente, claro; escuchar los mensajes que te suenan en la cabeza favorece por lo general tu salud y te mantiene con vida: «Párate cuando el semáforo se ponga en rojo», «No te acerques al borde del precipicio», «Come más verdura». El problema de tomarte en serio los pensamientos *todo el tiempo* es que a veces no son tus aliados, y es posible que no te des cuenta de cuándo es así porque estás acostumbrado a estructurar tu vida de acuerdo con lo que te dicen los pensamientos, sin cuestionarlos, sobre todo si se trata de normas e instrucciones. Por ejemplo, no aprendes las reglas de etiqueta cada vez que vas a cenar a un restaurante, sino que te atienes al «guion de restaurante» que tienes memorizado. Puede que excepcionalmente un día te encuentres en uno donde esté bien visto que los clientes traten con aires de superioridad al personal y no dejen propina, pero es mucho más eficaz apelar a la heurística y equivocarse una vez de cada mil que analizar meticulosamente cada nueva situación por si la heurística está equivocada.* Ahora bien, por mucho que la mayor parte del tiempo te interese escuchar tus pensamientos, debes saber que el perfeccionismo puede utilizarlos en tu contra.

Las reglas y razones que utiliza el perfeccionismo

El arma más eficaz del perfeccionismo son las reglas. Las reglas son los barrotes que te impiden entablar conversación con alguien a quien no conoces, mostrarte vulnerable con tus parejas, ser flexible cuando las cosas van mal, empezar (o terminar) un trabajo de artesanía y ser amable contigo cuando más lo necesitas. Estas reglas no solo te

---

* N. de la T.: La heurística: (del griego εὑρίσκειν, 'inventar o hallar') es un conjunto de parámetros, basados en la experiencia propia y ajena, que nos permiten tomar la mejor decisión posible a partir de la información limitada de que disponemos en el momento. Un atajo mental.

impiden hacer lo que te haría sentirte bien, sino que además te empujan a hacer cosas que te sientan mal, como saltarte las comidas, trabajar más de la cuenta, dejar que los demás abusen de ti y perderte las reuniones familiares. No hace falta que veas los barrotes para que su presencia te afecte; de hecho, son más efectivos precisamente *porque* no los ves. Si los vieras, quizá podrías idear la forma de sortearlos, pero cómo librarte de una barrera que ni siquiera sabes que existe.

Sin reglas, el perfeccionismo no tiene poder sobre ti. O, más concretamente, sin *tu obediencia* a las reglas, el perfeccionismo no tiene poder. ¿Recuerdas la primera vez que rompiste una regla (por insignificante que fuera) y no pasó nada? Piensa en reglas arbitrarias que nunca hayas cuestionado, como tener que levantarte a determinada hora, guardar la ropa en el armario de una determinada manera o esperar dos horas después de comer antes de meterte en el agua.

Cuando rompiste esa regla, tal vez te angustiaste pensando en las consecuencias que tendría. Luego, no pasó nada. A nadie le importó. En ese momento, te diste cuenta de que te habías tomado la norma mucho más en serio de lo que estaba justificado y, desde luego, mucho más en serio que todos los demás. Es decir, las reglas no importaban tanto como tú creías o tanto como el perfeccionismo te había convencido de que importaban. Por ejemplo, siendo adolescentes, mis amigos y yo, Mike, encendimos fuegos artificiales en una fecha en la que no estaba permitido. Apareció la policía, nos interrogó y nos llevó a cada uno a nuestra casa. Uno de los policías le contó a mi madre lo que había hecho, y ella me mandó a mi habitación. Yo estaba aterrado de pensar en lo que haría mi padre cuando llegara a casa, pero cuando lo vi a la mañana siguiente, solo me dijo: «Hola, Sparky, he oído que la policía te dio ayer un paseo en coche». Aquella experiencia hizo que se me tambaleara la regla sobre lo despiadados que serían mis padres si me metía en líos. Lo mismo ocurre con la mayoría de las reglas. Solo que aún no te has dado cuenta de que son mucho más imponentes en tu cabeza que en la vida real.

Una de las tácticas que utiliza el perfeccionismo para que los barrotes sean invisibles, y sigas aprisionado detrás de ellos sin saberlo, es ocultar el origen de las reglas. Cuando la realidad de observar ciertas reglas es que vives con miedo al fracaso y a decepcionar a los demás, el perfeccionismo te hace creer que su finalidad es ayudarte a conseguir lo que *tú* quieres. Piensa en la regla «tengo que caer bien». ¿Por qué, porque de verdad te importa conectar con todo el mundo o la única razón es evitar el rechazo social? Si no lo sabes con seguridad, probablemente sea lo segundo. Seguro que no dudas cuando alguien te pregunta si de verdad te importan tus abuelos, tu perro, tu integridad o tu salud, porque hay algo a nivel profundo, casi primario, que te conecta con ello. El problema de no tener claro el origen de las reglas es que no sabes si merece la pena cumplirlas. Si tuvieran que ver contigo y con lo que más te conviene —como, por ejemplo, ponerte el casco cuando vas en bici—, posiblemente las cumplirías aunque no te apeteciera. Pero en el caso de las reglas perfeccionistas, tienen que ver con el miedo: su finalidad es protegerte de peligros en los que aún no te has encontrado, y en los que tal vez nunca te encuentres, *a costa de* renunciar a lo que quieres y necesitas.

Otra táctica que utiliza el perfeccionismo para asegurarse de que observas las reglas sin cuestionarlas es argumentar las razones por las que existen. Es suficiente con que suenen a razones; no hace falta que sean legítimas para que influyan en tu comportamiento. Por ejemplo, podrías observar una regla como «todo lo que hago tiene que ser excelente *porque* esa es la clase de persona que soy». Esta es la estructura: *regla* porque *razón*. Si cumples religiosamente la regla de la excelencia porque te parece sensata, incluso un correo electrónico rutinario que le envíes a tu jefe tiene que estar lo que se dice bien escrito. Así que lo corriges un par de veces, les pides su opinión a tus compañeros de trabajo, vuelves a repasarlo varias veces más. En realidad, la situación no exige ese grado de corrección ni mucho menos, ya que tu jefe no va a dedicar más de cinco segundos a leerlo por encima. No es más que un correo electrónico, pero las reglas dicen que debes hacerlo con el mayor esmero, y las reglas tienen razones que las justifican. En medio de esto, ¿qué significa «esa es la clase de persona que soy»?

Reforzar las normas con razones surte efecto porque al ser humano le gusta la coherencia. Nos gusta tener razones que respalden lo que hacemos, nos gusta actuar por una buena razón y, en general, nos gustan las historias en las que haya el menor número de contradicciones posible. Cada vez que intentas rellenar las lagunas de una historia («Eso tiene sentido porque...»), encontrar razones de por qué actúas de cierta manera («Lo hago porque...») o explicar por qué son razonables las reglas por las que te riges («No puedo cometer errores porque...»), estás jugando a *El perfeccionismo dice*, que es como jugar a *Simón dice*, solo que aquí es el perfeccionismo el que da las órdenes. En *El perfeccionismo dice*, es necesario que todo tenga sentido y todo lo que tiene sentido debe tomarse en serio.

Mientras te vas dando cuenta de hasta qué punto han esculpido tu vida las reglas perfeccionistas, quizá te preguntes de dónde vienen. Esto vuelve a ser una *búsqueda de coherencia*: la necesidad de encontrar una explicación a los comportamientos y las observancias. Así es como funciona tu mente. Pero la respuesta a *de dónde emanan exactamente las reglas y las razones* no está clara; no podemos rastrear una regla hasta un suceso concreto de tu infancia. Nuestro cerebro es infinitamente complejo, y el origen de cualquier pensamiento concreto es prácticamente incognoscible. Lo más que podemos hacer es reconocer que los pensamientos son producto de la historia de nuestra vida, de nuestro entorno (las relaciones personales, las costumbres sociales, etc.) y de nuestro contexto actual (por ejemplo, de lo que estás viendo en la televisión, de que tengas hambre o de que acabes de pelearte con tu mejor amigo). Estos factores crean en conjunto un caos cognitivo que nuestro deseo de coherencia nos exige que (1) simplifiquemos ignorando las piezas contradictorias o (2) analicemos adecuadamente y discurramos un razonamiento convincente sobre las piezas discrepantes. El problema es que ninguna de estas opciones es factible, porque (1) no podemos fingir que nuestras experiencias no han sucedido y (2) nuestros pensamientos son aleatorios y por tanto incapaces de idear un hilo argumental consistente.

Repasa todos los pensamientos que has tenido en los últimos minutos: sobre lo que estás leyendo en el libro (esperamos), tareas que tienes pendientes, tu próxima cita, lo que vas a comer dentro de un rato, lo último que has comido, un programa nuevo del que todo el mundo habla en el trabajo, lo que quiso decir tu amiga cuando te dijo que este corte de pelo te sentaba bien pero evitó mirarte a los ojos... Entiendes a lo que nos referimos, ¿verdad? El mundo no es lo bastante simple como para condensarlo en una narración lineal y, de hecho, la mayor parte del tiempo las cosas no son coherentes, ni tienen por qué serlo. No es coherente que puedas estar furioso con una persona y sentir a la vez un gran afecto por ella. No es coherente que puedas sentir hambre y no quieras comer. No es coherente que te gustes y te odies. Sin embargo, todas estas experiencias contradictorias pueden ser ciertas. Incluso aunque el perfeccionismo insista en lo contrario, tus experiencias te dicen indiscutiblemente que la coherencia es una falacia. Para subvertir el perfeccionismo, es necesario desenmascarar toda esta propaganda de la coherencia.

Pon el juego al descubierto

Cuando no eres consciente de que las reglas rigen tu comportamiento, al cumplir lo que una regla te ordena puede parecerte que estás eligiendo esa acción libremente, y si es una acción libremente elegida, ¿por qué cambiarla? Así que aprende a reconocer cuándo estás jugando a *El perfeccionismo dice*. Solo estando muy atenta a ti misma tienes la posibilidad de dejar de jugar. Una manera de identificar las reglas y poner al descubierto la mecánica del juego es familiarizarte con las estructuras de las frases en las que comúnmente se incrustan los pensamientos perfeccionistas. Entre ellas están:

- **Debería** (cumplir siempre los plazos).
- **No debería** (seguir enfadada por ese comentario).
- **Tengo que** (librarme de la ansiedad).
- **Debo** (tomar la decisión correcta).
- **Necesito** (sentirme motivada) **antes de** (hacer un cambio en mi vida).
- **Si** (me quedo triste cuando mis amigos no responden a mis mensajes), **significa que soy** (patética).
- **No puedo** (cambiar de trabajo en este momento de mi carrera profesional).

- **Soy demasiado** (insegura) **para** (tener una relación).

Tendrás que estar también alerta a las razones, que son más fáciles de identificar; aparecen normalmente a continuación de la palabra *porque*.

- **Porque...** necesito demostrar lo que valgo.
- **Porque...** no quiero que la gente piense que soy tonta.
- **Porque...** aspiro a llegar lejos.
- **Porque...** quiero que mis padres estén orgullosos de mí.
- **Porque...** puedo hacerlo mejor.

Las razones son especialmente peligrosas cuando se utilizan para racionalizar, en nombre de la coherencia, comportamientos absurdos que no nos benefician. Por ejemplo, piensas que tiene sentido quedarte despierta hasta las dos y media de la madrugada para reajustar las tablas de tu presentación *porque* te importa la profesionalidad. *Acción* porque *razón* = episodio coherente. La apariencia que adopta una explicación protege del escrutinio a las razones, así que te las crees. Pero sé un poco escéptica esta vez e inspecciona la razón.

1. ¿En qué sentido demuestran profesionalidad unas tablas perfectamente alineadas?

2. ¿Hay maneras más eficaces de demostrar profesionalidad?

3. Cuando intercambias horas de sueño por alinear las tablas a la perfección, ¿lo haces *realmente* por profesionalidad?

Si observas con detenimiento, verás que algunas razones se desmontan al instante. Al parecer, a nuestra mente le importa más tener una *sensación* de coherencia que la *auténtica* coherencia con lo que de verdad está pasando. Por ejemplo, puedes convencerte de que no estás tan enfadada con tu compañera de piso como realmente estás *porque* no eres una persona mezquina, y una persona que no sea mezquina no se enfadaría por algo tan trivial como que su compañera se haya dejado las luces encendidas toda la noche. Esa es la versión coherente, así que te la crees, incluso en el momento de estar apagando las luces indignada al levantarte por la mañana. O puedes tener un argumento de por qué no estás lo bastante «capacitada» para correr maratones, por lo que limitas tus carreras a ocho kilómetros. Tiene sentido: no eres una persona atlética, así que correr largas distancias no es lo tuyo, y tu sueño de correr una maratón se evapora de inmediato. El apego a la coherencia hace que a menudo te resignes a aceptar una explicación aparentemente coherente a expensas de lo que tu experiencia te ha demostrado o de dar un paso hacia aquello que te importa.

La coherencia tiene un precio. Pregúntate si estás dispuesta a pagarlo. Y si no estás dispuesta, ¿qué otra cosa puedes hacer?

Las limitaciones de la lógica

Poner al descubierto el juego de *El perfeccionismo dice* podría dejarte un gran vacío, dependiendo de hasta qué punto esté moldeado tu comportamiento por las reglas y razones. De pronto, te quedas sin la fuerza impulsora. Si la razón de hacer las cosas ya no es triunfar o no cometer errores, ¿con qué criterio vas a decidir ahora qué hacer a continuación? Reconocer que las reglas y las razones forman parte de un juego al que no sabíamos que estábamos jugando hace añicos la ilusión de coherencia; echa por tierra todo lo que nos hemos contado insistentemente a lo largo del tiempo: que cometer el más mínimo error es intolerable, que es mejor no hacer nada que hacer algo mediocre, que todo lo que no sea un éxito es un fracaso, y perdemos el rumbo.

Como es natural, la mente está desesperada por reconstruir la coherencia, así que ahora mismo quizá estés intentando reorganizar todas las piezas del rompecabezas para tener una imagen clara y completa de lo que queremos que hagas. Si es así, felicidades por ser humano y bienvenido a la trampa de la coherencia. Recuerda cuánto nos gusta que las cosas tengan sentido. Lo anhelamos apasionadamente. Nos gusta utilizar la lógica y nuestra capacidad resolutiva —las mismas que han sido capaces de ingeniar los dispositivos de pantalla táctil, los viajes espaciales, la inteligencia artificial y los hogares inteligentes— para solucionar las incoherencias de nuestra historia personal. Al fin y al cabo, si la lógica ha conseguido crear el botón de «saltar intro» en Netflix, ¿qué no será capaz de hacer?

Pues bien, resulta que la lógica tiene sus limitaciones. Como ocurre con la ley de la gravitación universal de Newton, hay contextos en los que una regla «universal» es inoperante. En el caso de la gravedad, ese contexto es la dimensión cuántica; en el de la resolución de problemas, es (qué ironía) la mente. Puedes comprobarlo: no pienses en una *tortuga rosa*; intenta con todas tus fuerzas no pensar en una *tortuga rosa*, como si la vida de tu mascota dependiera de ello; convéncete de que realmente está bien que te evalúen constantemente; no te sientas mal por haberte olvidado del cumpleaños de tu madre, y sobre todo no te fustigues por ser una calamidad. Si la lógica funcionara en tu mente, serías capaz de hacer cualquiera de estas cosas con la misma facilidad con la que subes el termostato de la calefacción cuando tienes frío o comes cuando tienes hambre. Por desgracia, no puedes resolver de esa manera las cuestiones relacionadas con los pensamientos y los sentimientos, por muy inteligente que seas.

La lógica solo funciona cuando tienes control sobre las variables que están en juego o sobre las variables que controlan a las variables que están en juego. Por ejemplo, si X e Y causan Z y quieres deshacerte de Z, puedes eliminar directamente Z o, si no tienes control sobre Z, deshacerte de X e Y. Si no te gusta el papel pintado del salón, arráncalo. Si no te agrada el sabor a ajo, prescinde de él en la receta. Si no quieres tener el pensamiento «no merezco que nadie me quiera» tíralo a la basura. Estamos seguros de que si pudieras lo harías, pero cambiar tus pensamientos es diferente de cambiar el papel de la pared o cualquier otra cosa del mundo físico. Así que, si estás nervioso por el discurso que vas a pronunciar durante el brindis en la boda de tu hermano, ¿realmente crees que los razonamientos te van a dar seguridad y aplomo? Lo dudamos; se necesita algo más que lógica para abordar el perfeccionismo.

La alternativa a la lógica o a la coherencia es dar relevancia a la función. Céntrate en si los pensamientos *te ayudan* y escúchalos atendiendo a eso. Actúa como si la verdad de los pensamientos importara menos que su *utilidad*. Esto no significa que te conviertas de repente en un consumidor acrítico de información; eso (en su mayor parte) *no te ayudaría*. Se trata más bien de que reduzcas el valor que hasta ahora has concedido automáticamente a la precisión por encima de la utilidad. Los pensamientos útiles se parecen más a las voces de las animadoras que a los abucheos y el vocerío de los hinchas; te ayudan a llegar a donde quieres estar. Cuando te dices «¡es un juego de niños!» justo antes de hacer una presentación, no sabes si es cierto, pero probablemente será una ayuda. Lo que es cierto puede no serte de mucha utilidad (decirte, por ejemplo: «Todo el mundo se ha fijado en las manchas de sudor de la camisa») y lo que te es de utilidad puede no ser siempre cierto («Nadie está mirando las manchas»). ¿Prefieres escuchar los pensamientos que quieren incondicionalmente lo mejor para ti o los que solo se preocupan por que estés en lo cierto? ¿De qué te sirve estar en lo cierto, en el orden general de las cosas?

Si te resulta difícil entender desde esta perspectiva la función de los pensamientos, imagina que son individuos bienintencionados. Pongamos que llegas tarde a una reunión importante y el tren en el que viajas se avería. Un viajero con el que sueles coincidir podría decirte: «Uy, esto te va a crear problemas. Es la tercera reunión a la que vas a llegar tarde en las dos últimas semanas». ¿Es cierto? Tal vez. ¿Te ayuda en algo? Posiblemente no. Si te tomas en serio esos comentarios, lo más probable es que te devore la ansiedad mientras esperas sentado en el vagón. ¿Y si ese compañero de viaje te dijera: «Oye, cómo lo siento, sobre todo que te pase ahora que estás viviendo en tu casa una situación tan difícil»? Probablemente lo agradecerías. Sería maravilloso que tu mente fuera por naturaleza serena y reconfortante, pero no es eso para lo que está programada. Está hecha para mantenerte con vida resolviendo con lógica cualquier situación adversa que se presente, y cuanto antes, mejor. De ahí el carácter insistente y apremiante de los pensamientos y de ahí que instintivamente nos lancemos a hacer lo que nos dicen;

hubo un tiempo en que nuestras vidas dependían literalmente de que lo hiciéramos.

Reconocer sin rendirte

A pesar del poder que los pensamientos y los sentimientos han tenido y tienen en nuestra evolución, *los pensamientos y los sentimientos no son la causa de nuestra conducta*. Por mucho que quienes se dedican a la venta del «pensamiento positivo» te hayan hecho creer que sí, y los mensajes culturales te digan que cambiar de actitud ante la vida resuelve todos los problemas, los pensamientos y los sentimientos no te dan el poder para hacer cualquier cosa. Intuitivamente lo sabes: creer que puedes hacer algo no significa que puedas hacerlo. Que un niño esté convencido de que puede volar no le da el poder de elevarse en el aire. Por la misma razón, tener la «voluntad» de cambiar no es suficiente para cambiar; no puedes invocar a la «fuerza de voluntad» y esperar que las conductas obedezcan. Las conductas son una realidad solo cuando las *tienes*. Y a la inversa, creer que no puedes hacer algo no significa que sea así, como cuando te dices que no puedes comerte una patata frita más o que no puedes volver a aplazar ningún trabajo. Recuerda que es la obediencia a los pensamientos lo que tiene poder, no los pensamientos en sí.

Esto quiere decir que, aunque no puedes controlar que los pensamientos aparezcan, ni cuánto tiempo se van a quedar, ni cómo de fuerte van a gritarte, ni cuándo se van a ir, puedes *decidir* qué hacer con ellos. Las siguientes secciones describen cuatro posibles respuestas que puedes probar la próxima vez que aparezca uno de los habituales pensamientos indeseados: escuchar, reconocer, observar y considerar.

Escuchar. Ya sabes escuchar tus pensamientos, las reglas especialmente: «Para compensar que he estado haciendo el vago todo el fin de semana hoy tengo que trabajar el doble». Aparece este pensamiento, y te quedas trabajando hasta pasada la medianoche mientras la luz azul de la pantalla del ordenador, a la que no le importas nada, te quema los ojos. «No puedo entregar un trabajo tan mediocre», y ves pasar la fecha de entrega mientras el proyecto, prácticamente acabado, sigue abierto en el escritorio. «Es importante que cada nota de agradecimiento que escriba sea emotiva y personal», y han pasado dos años desde tu boda sin que hayas enviado ni una sola nota de agradecimiento porque ninguna es lo suficientemente emotiva y personal. No hace falta que te enseñemos a escuchar mejor.

Reconocer. Reconoce que tus pensamientos son pensamientos. Tómalos por lo que son: sonidos encadenados que forman palabras inteligibles (gracias a tus habilidades lingüísticas) y productos de tu historia y de las circunstancias actuales. Los pensamientos y las reglas son arbitrarios. No pueden hacerte nada si no los escuchas; son como el hombrecillo escondido tras la cortina verde en *El* *mago de Oz*, como la lava a la que intentas no caer agarrándote con fuerza al sofá,* como el cartel de «recién pintado» que un gracioso ha colgado en una pared seca.

Desde esta perspectiva, date cuenta de la atracción que ejercen sobre ti tus pensamientos. Fíjate en la intensidad con la que experimentas el pensamiento «no valgo nada» o la regla «no puedo cometer una equivocación» y cómo estas sílabas te provocan tristeza, celos, vergüenza y miedo, lo mismo que las letras A-V-E-R-I-A-D-O delante de la puerta de un ascensor pueden hacerte subir sin aliento siete tramos de escaleras sin comprobar siquiera si el ascensor funcionaba. Por ese instinto inmediato de escuchar y obedecer lo que sea sin cuestionarlo, es tan importante que aprendas a pararte y percibir el sonido de un pensamiento antes de prestar atención a lo que dice; esto ralentiza el proceso automático de, ya sabes, tomártelo al pie de la letra.

Tomarte en serio los pensamientos perfeccionistas es como intentar que alguien de ideas políticas diferentes a las tuyas esté de acuerdo contigo en lo que sea: para cuando quieres darte cuenta, estás metido hasta el cuello en una discusión que no va a ninguna parte. Mejor, valora antes si merece la pena derrochar la energía en el debate. Puede ser tentador responder a un cebo verbal (metáfora

---

* N. de la T.: en referencia al juego llamado «Lava caliente» (o «el suelo es lava»), en el que los participantes imaginan que el suelo ha sido invadido por lava (o cualquiera otra sustancia peligrosa o letal, como ácido o arenas movedizas), y deben evitar tocarlo.

inspirada en una línea del monólogo *Douglas*, de la humorista Hannah Gadsby, grabado en 2020)[*] como «cambio climático», «brutalidad policial», «antivacunación», «asistencia sanitaria universal», «catástrofe», «fracasado», «perfecto» y «triunfador». No muerdas el anzuelo.

Mira más allá del cebo, pon la mirada en tus objetivos y en lo que tiene valor para ti. ¿Qué quieres hacer *tú* con tu tiempo y tu energía? Si decides que tus recursos mentales y emocionales estarían mejor empleados en cualquier otra cosa que no sea discutir, haz otra cosa. Asiente amablemente con la cabeza, reconoce que esa persona quiere explicarte sus razones y deja la conversación. Puedes hacer lo mismo con tus pensamientos: reconócelos («Sí, me he dado cuenta de que estás haciendo sonidos») y luego vuelve a dirigir la atención a algo más merecedor de tu tiempo y tu energía.

Observar. Reconocer que los pensamientos son pensamientos te permite, a su vez, observar el proceso de pensar como una actividad ininterrumpida, y automática la mayor parte del tiempo, lo mismo que si estuvieras viendo a alguien lanzar una diatriba política, solo que sin dejarte seducir por las palabras de moda ni enredarte en ellas: ni te rindes a su mensaje ni reaccionas a él; tu postura no cambia. Es decir, observas al individuo apretar los puños, ir subiendo de volumen, tensar los hombros, las venas a

---

[*] N. de la T.: Disponible en Netflix, lo mismo que el anterior, *Nanette*, de 2018.

punto de reventar, como si fueras David Attenborough observando a los leones en la sabana. Por muy alterado que esté ese individuo y mucho que vocifere, puedes seguir observándolo desapasionadamente, con curiosidad incluso. Deja que el cebo se quede donde está.

«Desapasionadamente» es un elemento importante; significa que te es indiferente el resultado. No estás de parte ni de los leones ni de sus presas. Por usar una analogía deportiva, es como ver un partido de baloncesto en el que no juega tu equipo. Por mucho que a mí, Clarissa, me entusiasmen los San Antonio Spurs, verlos jugar puede resultarme angustioso. Me preocupa quién tiene el balón, quién tiene una mala noche, lo que hacen los árbitros y lo cerca que está de ser expulsado el entrenador Pop. A veces me sorprendo maldiciendo a un árbitro o gritándole a la pantalla del televisor, en vano. Por mucho que quiera controlar el resultado del partido, no puedo. En cambio, ver jugar a los Golden State Warriors contra los Milwaukee Bucks me resulta indoloro (a Mike no, que es de Wisconsin) porque no me importa quién gane. No me importa quién comete una falta técnica y no me importa quién pierde ventaja en el último cuarto.

Intenta observar tus pensamientos como un espectador desapasionado en vez de con la exaltación de un entusiasta. Renuncia a los intereses que crees tener en el juego (mi vida no cambia porque los Spurs no lleguen a las eliminatorias) y deja de intentar influir en resultados que escapan a tu control. ¿Qué pasa cuando te absuelves de la responsabilidad de regular tus pensamientos y sentimientos? Se acabó tratar de expulsar de la cancha el pensamiento «no lo estoy haciendo bien», rogar «me merezco seguir jugando», relegar al banquillo el «necesito esforzarme más» o exiliar al vestuario el «no le caigo bien a nadie». En lugar de acorralarlos y persuadirlos, deja que los jugadores vayan a donde sea y hagan lo que quieran, porque, en última instancia, quien gane (qué pensamiento sea el último que quede en pie) no tiene por qué afectar a la calidad de tu vida.

Otra forma de expresarlo es: vigila el proceso de *pensar*, no los pensamientos. Observar los pensamientos equivale a ponerse nervioso cuando Thanos encuentra a los Vengadores; observar el proceso de pensar es apreciar lo intrincado que es el maquillaje de Josh Brolin y lo realistas que son los efectos especiales y las imágenes generadas por ordenador.* Observa el proceso, no el producto.

Haz la prueba. Durante sesenta segundos, reconoce tus pensamientos como pensamientos (si quieres, figuradamente hazles un saludo) y observa cómo el pensar hace su trabajo. Date cuenta de la velocidad, el volumen, la cadencia, el ritmo, de si fluye con suavidad o salta de una idea a otra, de si es visual o verbal.

---

* N. de la T.: En referencia a Thanos, personaje ficticio (un supervillano de Marvel Comics) interpretado por Josh Brolin en la franquicia Marvel Cinematic Universe. La apariencia de Thanos es espectacular gracias a los avances en las imágenes generadas por ordenador y la tecnología de captura de movimiento.

...

...

...

¿Cómo ha sido ver a la mente pensar? Anota cualquier observación en tu cuaderno. ¿Has sido capaz de mirar el proceso con desapasionamiento, incluso con curiosidad, como si los resultados del juego no importaran?

Considerar. Otra respuesta posible es considerar lo que dicen tus pensamientos, porque de vez en cuando escucharlos puede serte útil. Lo primero a la hora de prestarles atención es saber que no tienes que hacer lo que te dicen. Tu mente es como esa tía tuya que no sabe exactamente lo que está pasando en tu vida pero aun así se empeña en darte consejos. La mayoría de las veces, lo que te diga no será relevante para la situación que estás viviendo y, aunque parezca ser de utilidad genérica, poner indiscriminadamente en práctica sus consejos tal vez te ayude a seguir el camino que ella cree que quieres, pero no el que realmente quieres tú. De todos modos, hay ocasiones en que los pensamientos te revelan justo la información que necesitas para afrontar tus dificultades presentes. En esos momentos, te interesa escucharlos.

La clave está en discernir cuándo escuchar lo que te dicen. Evalúa la situación con respecto a tus objetivos y comprueba si el consejo que te están dando te ayudará a alcanzarlos. Supongamos que has decidido cortar la relación con un amigo pero no sabes cómo hacerlo, y tu tía te dice: «Ignora sus mensajes y captará la indirecta». Si eres una persona considerada, probablemente no seguirás su consejo. Pero ¿y si te dice: «Sé sincero. Va a ser doloroso de todas formas, pero probablemente es como a ti te gustaría que un amigo se comportara contigo»? En este caso, si valoras la autenticidad, sigue su consejo. Lo mismo puedes hacer con los pensamientos y las normas, tratarlos como consejos que puedes ignorar o seguir, dependiendo de la situación y de lo que tú valoras, necesitas y quieres conseguir en relación con ella.

Otra razón para tener en cuenta los pensamientos es que te proporcionan datos valiosos, si sabes buscar. Por ejemplo, a primera vista, la frase «me gusta estar con gente» puede ser reflejo de que para ti son importantes las relaciones e indicar que eres una persona extrovertida. Pero en un nivel más profundo, esas palabras pueden revelar miedo a la soledad, o la necesidad de recibir valoración externa. Un ejemplo más sencillo es «quiero postre». Podría significar simplemente eso o podría significar que utilizas el azúcar y los carbohidratos como forma de compensación emocional. Es decir, puedes emplear lo que los pensamientos te están diciendo *indirectamente*, no lo que textualmente dicen, para tomar decisiones con fundamento. Así, tal vez la próxima vez no te comas una segunda ración de postre, para no crearte el hábito de utilizar la comida como vía de escape emocional, o decidas enfrentarte al miedo a estar solo (hablaremos de cómo hacerlo en el próximo capítulo) en lugar de estar siempre con gente para esconderte de ese miedo.

Piensa por ti mismo

La finalidad de reconocer los pensamientos como pensamientos, de observar el proceso de pensar como una actividad automática en movimiento constante y de considerar los pensamientos y las reglas como potenciales fuentes de sabiduría (aunque a menudo serán necedades) es darte más margen de maniobra. En lugar de escuchar y obedecer sistemáticamente lo que te dicen, estas otras maneras de responder a ellos te dan la posibilidad de relacionarte de formas nuevas con la realidad. En vez de discutir de política con tu colega, puedes dejar de prestar atención a cada palabra que dice y fijarte en el color de su camisa o aceptar sus comentarios constructivos e ignorar todo lo demás. ¿Cuánto más fácil sería tu vida si pudieras simplemente salirte del circo mental como y cuando quieras o si pudieras desconectar con naturalidad de algo una vez que ves que conectar con ello no te aporta nada? Imagina lo que podrías hacer con el tiempo y el esfuerzo que acostumbras a invertir en eso. En serio, dedica unos segundos a contemplar todo ese cumplir reglas internas, discutir, razonar, justificar, racionalizar, aprobar, rechazar, ratificar y rendirte. Sopésalo. Ahora imagínate liberado de repente de ese peso. Siente la ligereza. ¿Hacia dónde quieres ir?

Escribe en tu cuaderno las actividades hacia las que redirigirías tu energía. Presta atención a si tu mente va evaluando con meticulosidad todas las opciones posibles, incluso antes de que hayas escrito nada, intentando empujarte a elegir actividades «productivas». Limítate a reconocer los esfuerzos que hace tu mente perfeccionista por ayudarte y permítete anotar una detrás de otra las actividades que tú quieres hacer, sin dejarte influir por lo ridículas u holgazanas que a ella le parezcan, como aprender a bailar *El cascanueces*, dormir, rastrillar hojas secas, hacer masa madre o patinar. Desentiéndete de las críticas. Mira a ver qué pasa.

* * *

El perfeccionismo ejerce poder sobre tus comportamientos utilizando reglas y razones. Te dice lo que *debes* hacer y *por qué*. Sin embargo, esas reglas son arbitrarias y, de hecho, no pueden obligarte a hacer nada, por muy enérgicas que suenen las palabras o por muy alto que sea el tono de voz con que se expresan. Así que cuando el perfeccionismo te amenace con la perspectiva de una vida de fracaso por haber sacado solo un notable en un examen, o por romper una relación de muchos años, no puedes tomarle la palabra.

En lugar de eso, te animamos a (1) que reconozcas tus pensamientos como pensamientos, ni más ni menos; (2) que observes el proceso de pensar mientras ocurre, en tiempo real, como si no te incumbiera en absoluto lo que ocurrirá a continuación, y (3) que consideres lo que tus pensamientos te dicen, y te quedes luego con lo que te es útil e ignores el resto. Puedes sortear la trampa del perfeccionismo si te enfocas en los pensamientos que favorecen tus objetivos (función) y no en aquellos que tienen lógica o parecen ser verdad (coherencia).

En el siguiente capítulo, veremos cómo dar cabida a la incomodidad que naturalmente acompaña a incumplir las normas y a estar, en general, lejos de ser perfecto.

Capítulo 4

Da cabida al sentimiento de imperfección

Estar vivo no es fácil. En la vida hay dolor, amargura e imperfección. Aunque podemos intentar negar nuestros defectos, lo único que conseguimos al rechazar cualquier parte de nuestra existencia es que nuestra vida se estreche. Además, evitar enfrentarnos a nuestras imperfecciones innatas y a los sentimientos que las acompañan nos obliga a retraernos cuando no nos sentimos (inserta la palabra que corresponda en tu caso: *buenos, exitosos, atractivos, competentes, inteligentes...*), y de ese modo nos negamos la posibilidad de experimentar la vida en toda su plenitud.

Sabemos que la imperfección nos crea malestar. Por eso el perfeccionismo es adictivo: gracias a él, no solo recibimos una recompensa a nuestra dedicación en forma de trofeos, elogios, dinero e innumerables «me gusta» virtuales (es decir, el refuerzo positivo que se menciona en el capítulo dos), sino que, además, nos libramos de la molesta sensación de «no estar a la altura» (el refuerzo negativo mencionado también en el capítulo dos). El resultado es favorable en todos los sentidos. Desaparece la sensación de «no estar a la altura» y, por si eso fuera poco, desaparecen con ella el sentirnos fracasados, abrumados, avergonzados, ansiosos, estresados, preocupados, culpables, perezosos, improductivos, enfadados, frustrados y el odio a nosotros mismos. La mente lógica y resolutiva deduce que ser perfecto elimina todos esos sentimientos tan desagradables. ¿Qué te dice tu experiencia sobre este razonamiento?

El origen de los sentimientos

Los sentimientos y sensaciones han sido y son cruciales para nuestra supervivencia, ya que nos hacen actuar de una diversidad de maneras que aumentan nuestras posibilidades de seguir vivos. El miedo nos impulsa a huir de los depredadores, la vergüenza favorece que vivamos en armonía con el grupo, el hambre nos mueve a buscar comida, el asco nos evita comer sustancias tóxicas... Las ventajas evolutivas que se derivan de los sentimientos y sensaciones nos han hecho extraordinariamente sensibles a ellos, por lo cual nuestra respuesta es automática y muy rápida. Piénsalo un poco, si los humanos que con más rapidez reaccionaban al miedo fueron los que consiguieron salvarse de los depredadores (porque preferían salir disparados que arriesgarse a que una fiera los devorara), es *lo natural* entonces que los que hemos quedado hayamos heredado esa reactividad. Por eso nos afectan hasta tal punto la ansiedad, el estrés y la preocupación.

Originariamente, esos sentimientos tenían la finalidad de ayudarnos a seguir vivos, pero el mundo y la cultura han evolucionado más rápido que nuestra biología (Hayes y Sanford 2014). Y aunque es cierto que los sentimientos y las sensaciones siguen dándonos una información importante sobre la situación de cada momento (por ejemplo si estamos en peligro), la cuestión es que no estamos hechos para vivir con la presión de actualizar constantemente nuestro estado en las redes sociales, intentar emular modelos de belleza inverosímiles, satisfacer las necesidades creadas por la sociedad capitalista o interactuar a través de la pantalla de un ordenador. La discrepancia entre los planes de la naturaleza y el mundo en el que vivimos hace que los sentimientos puedan transmitirnos a veces señales falsas e instigar conductas contrapuestas a nuestros objetivos. Así, aunque el miedo hará su aparición cuando estés andando por el borde de un acantilado (lo cual podría decirse que es favorable), también aparecerá cuando estés revisando las publicaciones de las redes sociales y veas que tus amigas están divirtiéndose sin ti (miedo a quedar excluida) o cuando no hayas marcado el redondelito correcto en un papel (miedo al fracaso).

Estos sentimientos desubicados nos crean una angustia que pone en peligro nuestro bienestar, en lugar de salvarnos de la muerte, por lo cual es importante diferenciar los sentimientos útiles de los inútiles y aplicar un criterio selectivo antes de tomarlos en serio. Por ejemplo, puede ser aconsejable que te tomes en serio el dolor de los músculos isquiotibiales mientras haces ejercicio para evitar una lesión, pero no la ansiedad social que te invade en un momento en el que tratas de hacer nuevos amigos. Decide basándote en lo que de verdad te favorece.

Tus sentimientos son válidos

La validez de los sentimientos es independiente de su utilidad; que no se hayan puesto al día con tus necesidades y objetivos actuales no les quita validez. Tus sentimientos son válidos de facto. Ahora bien, que sean válidos no significa que tengas que responder a ellos, lidiar con ellos o justificarlos (esa es la trampa de la coherencia); significa que existen. Eso es todo.

Probablemente esta idea contradice lo que has aprendido a lo largo de tu vida. Desde que eras muy pequeña, has tenido que armarte de explicaciones sobre lo que sentías: «¿Por qué lloras?», «¿Por qué estás tan nerviosa?», «No tienes motivo para estar enfadada». No solo se espera que defiendas tus sentimientos, sino que, además, las razones por las que dices sentir lo que sientes tienen que resultarle satisfactorias a quien te las pide (que casualmente adora la coherencia). Por extraño que parezca, son los demás quienes juzgan si *tus* sentimientos son válidos, como si solo tuvieras derecho a sentir lo que sientes cuando la sociedad considera que es apropiado para la situación; cuando no lo considera apropiado, te tacha de «tensa», «dramática», «hipersensible», «patética», «loca» o «trastornada».

Es injusto. Tus sentimientos tienen derecho a ser todo lo grandes o pequeños, lo apagados o vibrantes y lo ligeros o pesados que sean. Si aceptas la premisa de que los sentimientos son incondicionalmente aceptables y válidos, entonces frases como «tienes que tranquilizarte», «anímate» o «estás teniendo una reacción exagerada» se vuelven absurdas: es como si alguien comentara que una puesta de sol debería ser más rosa o que las hojas de un árbol deberían ser más verdes. Cuando les das permiso a los sentimientos para que existan, por extensión te das permiso a ti para *experimentar* lo que sientes. Y si tienes permiso para sentir lo que quiera que surja en ti, ¿por qué ibas a reprimir tus sentimientos o a disculparte por su presencia?

Evitar las emociones

Desde el punto de vista evolutivo, es comprensible que tu instinto sea evitar o controlar los sentimientos desagradables y, si es necesario, escapar de ellos. Evitar los peligros físicos es lo que nos ha mantenido a salvo desde el principio de los tiempos, por lo que la lógica deduce que puedes hacer lo mismo con aquello que te amenaza dentro de la cabeza. Pero tú sabes que no es así, porque tu experiencia indica lo contrario; te dice que no puedes escapar de tus sentimientos por mucho que lo intentes. Puede que hayas evitado que el estrés se apodere de ti sentándote a ver cocinar a Jamie Oliver, pero en cuanto termina el episodio el estrés vuelve, normalmente con más fuerza. Puede que incluso consigas aplacar la preocupación explicándote todas las razones por las que es un sentimiento irracional, pero ¿cuánto tiempo dura la calma? Muy pronto, vuelve a aparecer la misma preocupación con un disfraz distinto o una preocupación diferente ocupa su lugar. Evitar las emociones no es una solución duradera.

Además, la evitación emocional *encoge* el espacio en el que la vida transcurre. Cuantas más cosas evitas, menos espacio te queda para vivir. Si todo te parece peligroso, no te sientes a salvo en ningún sitio. Así que buscas un rincón apartado en el que parece que no corres ningún riesgo y te refugias en él, con la esperanza de que nada aterrador se presente de improviso. Te aíslas para evitar el miedo a las críticas, te apartas de la gente para esquivar el miedo a la intimidad y te anulas para no sentirte una carga. Pero aun así el dolor te encuentra, porque tratar de evitar los sentimientos siendo un ser humano es como tratar de evitar mojarte cuando estás nadando en el mar. ¿Recuerdas la última vez que no sentiste nada, ni siquiera insensibilidad? Cuando intentamos evitar lo inevitable, el dolor necesario se convierte en sufrimiento innecesario. El daño es más terrible aún, y todo por intentar vivir una vida sin dolor.

Pero tal vez no intentas evitar *todos* los sentimientos, únicamente los *malos*, que es como decir que no intentas evitar todas las olas, solo las *malas*. Por desgracia, no puedes elegir qué olas van a romperte encima; si estás nadando en el océano, te expones a todo. Quizá unas olas te gusten más que otras y quieras que sean esas las que te empapen, pero tus preferencias no influyen lo más mínimo en qué olas aparecerán ni en el grado de control que tendrás sobre ellas. Entretanto, ¿qué tal?, ¿sigue siendo un disfrute nadar evaluando cada ola con la esperanza de que solo las buenas se dirijan hacia ti? Para disfrutar de verdad de nadar en el océano, tienes que estar dispuesto a experimentar todas las olas.

Aclaremos qué significa *aceptación*

«Admite la incomodidad», «no luches contra el estrés», «acepta el sentimiento de ansiedad» o alguna otra versión de la misma idea son indicaciones que posiblemente hayas escuchado en algún momento. Todas ellas apuntan a que dar cabida a los sentimientos resulta más eficaz que tratar de excluirlos de tu vida. Pero es más fácil de decir que de hacer, ya que, hasta cierto punto, abstenerte de reaccionar a las señales de peligro es ir en contra de tu biología. Si viviéramos en tiempos prehistóricos, los *hippies* que hacen las paces con sus pensamientos y emociones serían los primeros en ser devorados. Pero ya hemos dejado esa época muy atrás.

Antes de hablar de cómo dar cabida a toda clase de emociones, entendamos las razones para hacerlo. ¿Por qué ibas a decidir quedarte con sentimientos desagradables cuando tienes la posibilidad de eliminarlos? La primera razón es obvia: *no tienes* la posibilidad de deshacerte de los sentimientos desagradables; lo sabes por experiencia. La segunda razón es: porque hacer lo contrario, es decir, empeñarte en erradicar la imperfección, tratar por todos los medios de no quedarte nunca en un nivel inferior a «bueno», criticarte por fallos insignificantes, arremeter contra quienes no están a la altura de tus expectativas, es agotador y se traduce en un continuo autosabotaje. La tercera razón es que el dolor nos permite descubrir qué nos importa en el fondo. Cuando te duele que te rechacen, el dolor te está diciendo que te importa la conexión. Cuando te indigna la desigualdad estructural, el mensaje es que te importa la justicia social. Solo las cosas que no te importan no te hacen daño, luego la única manera de no sentir dolor es que nada te importe.

Hacerles sitio a los sentimientos que no te gustan significa hacerte experta en *sentir* angustia (énfasis en el verbo). De entrada, el problema podría ser que no se te da bien tener sentimientos, porque si has estado toda la vida huyendo de las emociones, no las *sientes*. Es decir, tienes muchísima práctica en evitarlas y muy poca en experimentar los sentimientos tal como son. Pero imagina que te haces experta en *sentir* la angustia. Eso significa que cada vez que la angustia irrumpa en tu vida, puedes sentirla, imperturbable, y continuar con lo que estabas haciendo dondequiera que estés.

Esto es *aceptación*. Hay que tener muy claro a qué nos referimos al hablar de *aceptación*, porque es un término que se ha utilizado en infinidad de contextos, incluso como sinónimo de *resignación*: *aceptamos* la derrota y las pérdidas; *aceptamos* el castigo. En este contexto, en cambio, *aceptar* significa *recibir*: *aceptamos* la amabilidad y la generosidad de los desconocidos; *aceptamos* los buenos deseos y los regalos. Y en este sentido también, *aceptamos* la ansiedad, el estrés y la preocupación. Si somos capaces de hacer sitio en nuestra vida para reuniones que podían haberse hecho por correo electrónico, podemos hacerles sitio a los pensamientos y sentimientos que no nos gustan.

Ahora bien, antes de empezar a poner en práctica la aceptación, aclaremos también qué es exactamente lo que vas a aceptar. *No* te estamos pidiendo que aceptes el fracaso o un destino desdichado. A diferencia de lo que ocurre con las emociones, sobre eso tienes cierto control. El doctor Steven Hayes lo expresó con mucha claridad: «Se trata de que aceptes tu historia y tu capacidad de sentir, no tus conductas ni las situaciones a las que te llevan» (esta cita es de un taller que presentó en 2020 titulado «Terapia de aceptación y compromiso (ACT) como psicoterapia basada en procesos: introducción y más allá»).*

---

* N. de la T.: Título original: *ACT as a Form of Process-Based Therapy: Introduction and Beyond*. La terapia de aceptación y compromiso se conoce por sus siglas en inglés ACT (*Acceptance and Commitment Therapy*).

En otras palabras, te pedimos que aceptes que el origen de tus sentimientos está en las experiencias que has acumulado durante tu vida en esta Tierra y que aceptes tu exquisita capacidad humana de experimentar e identificar una increíble diversidad de emociones, que incluso te maravilles de esa capacidad. Es fascinante, si lo piensas, que seas capaz de distinguir entre melancolía y desesperación o entre frustración y enfado (incluso aunque a nivel semántico pueda ser muy tenue la diferencia). En definitiva, tienes cierto poder para cambiar tu situación (lo privilegiada que sea esa situación determina en qué medida es cierto esto) y para actuar de modo diferente, pero está claro que tu historia y tus sentimientos son los que son.

Dar cabida a los sentimientos

Aceptar y estar dispuesto a experimentar toda clase de sentimientos significa hacerles sitio para que existan, como harías sitio en el salón de tu casa para colocar un mueble bastante feo que has heredado de tus abuelos. Aceptarlo no implica que te guste; aceptarlo es darle espacio. Por el contrario, cuando rechazas un sentimiento, que es producto de tu historia, te rechazas inevitablemente a ti, ya que es tu historia lo que te hace ser quien eres. Evitar tus emociones es invalidarte desde dentro.

Te proponemos un ejercicio para que practiques *sentirte* incómodo. (Encontrarás una grabación de audio de este ejercicio, «*Feeling Uncomfortable*», en http://www.newharbinger.com/48459).* Dondequiera que estés leyendo esto, adopta una postura incómoda. Puedes arquear la espalda y apoyar las cervicales contra el cabecero si estás en la cama, inclinar todo el cuerpo hacia un lado del sofá o ponerte de costado si estás en el suelo. Quédate así durante el resto del ejercicio. Una vez que estés en posición:

1. Mira a ver si eres capaz de notar qué parte del cuerpo está más incómoda. ¿Los hombros, el cuello, la zona lumbar, la mandíbula, las piernas, el pecho? Detecta el punto que más destaca y con suavidad dirige tu atención hacia él. No intentes cambiar ni controlar la sensación en ningún sentido.

2. Ponle cara (no hace falta que sea literalmente una cara, basta una imagen que lo represente). ¿Qué aspecto tiene ese malestar, qué forma, color, tamaño, expresión, densidad… tiene?

3. Observa cómo se mueve (o si no se mueve). ¿Se desplaza hacia arriba y hacia abajo, se irradia desde el centro, va y viene en todas las direcciones, pulsa como una ola, o está completamente quieto?

---

* N. de la T.: Todas las grabaciones de audio que se sugieren a lo largo del libro, a las que se puede acceder en http://www.newharbinger.com, son en inglés.

4. Observa hasta dónde se extiende por el cuerpo la sensación. Síguela hasta donde termina y rodéala en tu mente con una línea. Mentalmente da un paso atrás y observa el espacio en el que existe esa sensación. No hagas nada. Solo mírala.

5. Cuando tengas una noción completa de la sensación, obsérvala como si fuera una película. Observa el cambio de fotogramas de un segundo a otro dejándola que se desenvuelva a su antojo. Tu trabajo es mirar, no rebobinar ni avanzar. Ten un poco de curiosidad por lo que estás observando, como si nunca antes hubieras sentido eso. ¿Qué va a hacer la sensación ahora? ¿Hacia dónde se va a desplazar? ¿A qué otras partes del cuerpo está llegando?

6. Cuando hayas observado la sensación durante un rato, es decir, el tiempo suficiente como para poder describírsela a alguien, busca en ella algo nuevo, algo que no hayas percibido hasta este momento. Tal vez está presente también en otra parte del cuerpo. Tal vez tiene ritmos alternos. Tal vez está recubierta de una capa de pesadez.

7. Vuelve al paso 5: observa esa sensación, con todo lo que ahora sabes de ella, como si se estuviera reproduciendo en una pantalla de cine. Acomódate en la butaca de tu mente y observa el espectáculo durante unos instantes.

¿Cómo ha sido dar cabida a la incomodidad? En tu cuaderno, escribe algunas palabras o frases que describan la experiencia. Anota en qué te ha ayudado estar abierto a la sensación o en qué no.

Si has sido capaz de observar el malestar con curiosidad, sin intentar alterarlo de ninguna manera con algún movimiento del cuerpo, acabas de practicar la aceptación. Lo que has hecho es darle espacio a la sensación para que exista con autonomía. Te recomendamos que practiques esta secuencia en otras situaciones en que notes malestar. Si, por ejemplo, te está estresando decidir a qué restaurante llevar a cenar a tu amiga, sigue los pasos. Siente el estrés, obsérvalo y hazle sitio.

Si te ha resultado difícil centrar la atención en el ejercicio, no te preocupes. Aceptar es una habilidad y, como cualquier habilidad, va resultando más fácil cuanto más se practica. Si nunca has utilizado un molde para suflé, es difícil que consigas hacer un suflé ultraligero al primer intento, pero eso no significa que nunca lo vayas a conseguir. Puede parecerte que es imposible o prácticamente inalcanzable aceptar ciertas emociones (ahí está de nuevo el ruido mental). ¿Y qué? Lo mismo que antes no has cedido a la incomodidad, y no te ha obligado a mover el cuerpo, no tienes por qué tomarte en serio un pensamiento negativo.

Y si el ejercicio te ha resultado extremadamente fácil, estupendo también. Quizá estás familiarizado con este tipo de práctica o quizá tienes un don natural. Sigue practicando. De todos modos, presta atención a si sutilmente has intentado tal vez evitar la incomodidad. Al igual que escuchar las reglas y las razones, la evitación es un automatismo habitual, así que es posible que ni siquiera te des cuenta de cuándo estás evitando algo. Antes de poder aceptar una sensación, tienes que ser consciente de si en el fondo intentas evitarla y dejar de hacerlo. Mientras estés evitándola en cualquier sentido, la aceptación solo puede ser superficial, no hay autenticidad en ella; incluso aunque técnicamente sigas todos los pasos, no desarrollarás la capacidad de aceptar de verdad.

Practicar la aceptación (o cualquier otra habilidad de este libro) es como aprender a levantar pesas. Al principio, cuando los músculos están empezando a fortalecerse, la manera de proceder es fundamental. No se trata simplemente de levantar una barra del suelo y subirla de cualquier forma por encima de la cabeza. Es necesario que intervengan determinados músculos y que los movimientos sean los adecuados, ya que esta es la forma que con el tiempo te permitirá levantar una barra de doscientos kilos. Trabajar de forma incorrecta hace que corras el riesgo de lesionarte y limita tu potencial. De hecho, es más importante todavía practicar la forma correcta utilizando barras ligeras para que te acostumbres a ella. Y también tienes que ser capaz de discernir por tu cuenta cuándo estás empleando la técnica correcta y cuándo no, porque no siempre tendrás a alguien vigilándote. Aplicado a la aceptación, esto significa saber cuándo estás evitando los sentimientos en lugar de acogiéndolos intencionadamente, incluso aunque no te gusten.

La evitación adopta un aspecto diferente en cada persona. Una señal de evitación es, por ejemplo, sentir alivio cuando el ejercicio termina. Si estabas tolerando la incomodidad con la vista puesta en el reloj, eso es evitación, es como envolverte en plástico para ir a nadar y no mojarte. Significa que no estabas dándole espacio a la sensación para que estuviera presente. Sin la intención consciente de hacerlo, le pones condiciones a la existencia de esa sensación: puede quedarse mientras esté claro que desaparecerá en cuanto termine el ejercicio. Es el equivalente emocional de estar constantemente pensando en el espantoso puf acolchado color magenta que tienes en el salón, contando los días que faltan para poder donarlo de una vez. ¿No sería más fácil poder dejar que siga ahí con su identidad *kitsch*, incluso aunque haga un poco de daño a la vista, para poder sumergirte en la grandeza cinematográfica de *Watchmen*?

También cabe la posibilidad de que si te has sentido a tus anchas durante el ejercicio, haya evitación. Tal vez has transformado la incomodidad en algo que eras capaz de soportar. La aceptabas porque la habías hecho tolerable. Es como decirle a tu pareja que la quieres exactamente como es y animarla con vehemencia al mismo tiempo a que renueve su vestuario, se busque aficiones «más interesantes» y aprenda a cocinar como Julia Child. Si quisieras a tu pareja exactamente como es, no necesitaría hacer nada más para gustarte, del mismo modo que la incomodidad no tendría por qué convertirse en algo distinto para que le hagas sitio.

Después de haber ido probando diferentes vías de aceptación, un día darás con una y será una experiencia nueva. En qué se nota es difícil de describir, pero podría ser que te dieras cuenta, por ejemplo, de que no estás luchando, de que puedes respirar con calma y de una apertura incondicional a que la sensación sea tal como es. Aunque la postura siga resultándote extraña, es posible que te resulte a la vez más fluida en cierto sentido, la sensación de que podrías mantenerla sin dificultad durante un rato. Así es como descubres que te estás acercando a la aceptación; sentirás que es *viable*.

A diferencia de una habilidad atlética o académica, puedes practicar la aceptación en medio de lo que sea que estés haciendo. Cada vez que sientas *algo*, practica. Puedes hasta probarla con sentimientos y sensaciones placenteros, aunque probablemente eso ya se te da bastante bien. Solemos abrirnos con facilidad a las sensaciones y sentimientos que nos gustan, pero no acogemos con la misma cortesía aquellos que calificamos de «malos». Así que, si empiezas a impacientarte frente a un semáforo en rojo que se resiste a cambiar de color, practica. ¿Te invade la frustración porque tu colega de trabajo va a hacer que, por tercera vez consecutiva, no entreguéis el proyecto a tiempo? Practica. ¿Te estás estresando por el correo electrónico que te ha enviado tu jefe hace seis minutos y al que todavía no has respondido? Practica. ¿Te abruma pensar que hay tanto por hacer en el jardín que vas a tener que dedicarle todo el fin de semana? Hazle sitio a ese sentimiento y luego empieza a actuar desde donde tenga sentido para ti y para tus objetivos.

Aceptar es darles espacio a los sentimientos para que existan y tú puedas centrarte en lo que te importa, en vez de que te domine la preocupación por cuándo se va a marchar cierto sentimiento. Toda esta práctica es en beneficio *tuyo*; no somos forofos de sufrir por sufrir. Y como hace falta un propósito para trabajar con dedicación y vencer los obstáculos, cabe preguntar: si no tuvieras que pasar ni un segundo más preocupándote por si volverás a sentir malestar, con qué intensidad o durante cuánto tiempo, ¿qué significaría eso para ti?

* * *

Los sentimientos forman parte del ser humano. No es posible escapar de ellos por mucho que lo intentemos. Si son tan obstinados es en parte porque, a lo largo de la historia, nuestra supervivencia ha dependido de que les prestáramos atención y actuáramos en consecuencia. Sin embargo, esto ya no es aplicable a muchas situaciones actuales. Por eso, aunque tus sentimientos son siempre válidos y a veces útiles, es importante que reconozcas cuándo hacer caso a sus consejos y cuándo dejarlos chillar y patalear en segundo plano. Cada vez que los dejas quejarse sin prestarles más atención de la necesaria, estás practicando la aceptación.

El objetivo en el que está enfocada la aceptación son los sentimientos, no los comportamientos ni las situaciones. La aceptación conlleva que observes tus sentimientos, particularmente los desagradables, como si estuvieras viendo una película por primera vez. Mientras practicas cómo dar cabida a los sentimientos desagradables, tómate por sorpresa cuando estés sutilmente intentando evitarlos y luego vuelve a observar. Reconoce el momento en que la observación te resulta factible, lo que significa que te estás acercando a la aceptación.

Ahora que tienes cierta práctica en reconocer los pensamientos y los sentimientos sin cederles el control de tu vida, hablemos de qué hacer con las imágenes y definiciones que tienes de ti, esas que te dicen quién puedes ser y quién no.

Capítulo 5

Prueba a soltar las etiquetas y los relatos mentales

¿Cómo te describirías? Saca el cuaderno y escribe tres ideas que te vengan a la cabeza. Cuenta brevemente un episodio que ilustre cada calificativo. Por ejemplo, si uno de ellos es «buen amigo», podrías pensar en aquella vez que el coche de tu amiga se estropeó en mitad de la noche y condujiste una hora para rescatarla. Si has escrito «organizada», podrías hablar de todos los sistemas que has creado para que tu casa o tu oficina funcionen como una seda.

Fíjate en la facilidad con la que se te han ocurrido esas *etiquetas*. Todos lo hacemos constantemente. Somos personas «ansiosas», «depresivas», «amables», «trabajadoras», «inteligentes»... Nos definimos sin parar. Y con los demás hacemos lo mismo: Walter es un «sociópata»,

Skyler tiene «agallas», Jesse tiene «buen corazón», Marie es «leal», Saul es un «cobarde». Construir un relato de quién somos y quiénes son los demás forma parte de la trampa de la coherencia (que explicábamos en el capítulo tres). Creas un mapa lógico para saber cómo encajan entre sí los elementos del relato y cómo responder a ellos adecuadamente.

En tu cuaderno, escribe a grandes rasgos cómo influye en tu comportamiento y en tus perspectivas cada una de las descripciones que te has asignado. Tal vez como eres «introvertida», no vas a ninguna fiesta; como tienes «ética profesional», sacrificas el tiempo de estar en familia por llevar el trabajo al día; como «quieres llegar lejos», dedicar tu energía a cualquier cosa que no te ayude a avanzar significa que eres «una vaga».

El problema no es que te pongas etiquetas con tanta facilidad, sino que las etiquetas dictan lo que haces y cómo te ves y percibes el mundo. Por eso vamos a examinarlas con más detenimiento, para que puedas decidir cuánto quieres que determinen tu vida.

Las etiquetas y relatos mentales con los que te identificas

Las *etiquetas mentales* son cualquier palabra que utilizas para describirte; pueden definir por ejemplo tu identidad: «feminista», «mañanero», «gay», «pesimista» o «perfeccionista». O las etiquetas pueden ser más elaboradas y constituir *relatos mentales* de quién eres. Esos relatos pueden no corresponderse con la realidad: son simplemente la forma en que tú te ves; son el resultado de encadenar unas etiquetas con otras para hacer con ellas una narración coherente: «Soy "amante de la naturaleza", así que, en cuanto puedo, "me pongo la mochila a la espalda y salgo de excursión o voy de escalada"». Esos relatos abarcan casi todo lo que pensamos de nosotros, incluidas las críticas: «Sé que "nunca conseguiré lo que quiero" porque soy "muy torpe" y "todo lo hago mal"». Y esas etiquetas y relatos mentales con los que te defines se incorporan a las reglas y razones que el perfeccionismo utiliza para mantenerte a raya. «Debería» ser capaz de atender todas las necesidades de mis hijos porque soy un «buen padre».

La mayoría tenemos un relato central de quién somos que recorre prácticamente cada recoveco de nuestra existencia. Es el relato al que nos remitimos todo el tiempo y en cualquier circunstancia. Podría ser, por ejemplo: «Me merezco estar solo»; «Algo me pasa, no soy normal», o «En el fondo, soy una mala persona». Al contemplar la razón por la que rehúyes el afecto, pones fin abruptamente a las relaciones, no te cuidas, trabajas deliberadamente hasta agotarte, buscas la aprobación de las figuras de autoridad y tantas otras cosas, tal vez descubras que todos esos comportamientos se derivan de la convicción de que fundamentalmente no mereces que nadie te quiera. Y si vas por la vida creyendo eso (o algo por el estilo), ¿cómo *no* te va a resultar difícil aceptarte?

Aunque hemos hablado de las etiquetas y los relatos por separado, la diferencia entre unas y otros es más de forma que de función, es decir, lo importante es cómo interactúas con ambos, no el número de palabras que empleas para definirte.

Cuando las etiquetas y relatos mentales te crean problemas

Lo mismo que en el caso de los pensamientos y los sentimientos, ni las etiquetas ni los relatos que utilizas para describirte son en sí dañinos. Es tu *interacción* con ellos lo que te hace desviarte de la vida que quieres tener, que es lo que ocurre cuando te tomas en serio cualquiera de las etiquetas y ciñes tus actividades a lo que esa etiqueta determina. A veces resulta útil y a veces no. Por ejemplo, si te consideras un «buen amigo» y eso te hace apoyar a tus amigos incluso aunque te sientas frustrado con ellos, tener presente la etiqueta de «buen amigo» en esas situaciones es constructivo. Sin embargo, intentar cumplir con la etiqueta obligándote a darle tu apoyo a alguien en un momento en que estás sumido en una depresión puede ser contraproducente. Cuando eso ocurra, párate, recalibra y trata de ver qué comportamiento es el que más concuerda con tus objetivos y valores, independientemente de cualquier relato y etiqueta.

Las etiquetas y los relatos pueden ser un problema si (1) tratas de comportarte de acuerdo con lo que dicen;

(2) el apego a ellos te hace sufrir innecesariamente o (3) confundes lo que te cuentan sobre ti con la realidad de tus experiencias. Cuando hablamos de apego a las etiquetas o a los relatos (como en el segundo caso), nos referimos a una adhesión rigurosa a su contenido y a las expectativas implícitas en ellos, lo que significa que todo lo que hagas o creas debe ser coherente con esa etiqueta o ese relato. Por lo tanto, si te identificas con la etiqueta de «inútil», no puedes buscar, y por supuesto no mereces, ninguna relación de sana reciprocidad, por lo que te privas de vivir conexiones que signifiquen algo para ti.

Cuando las etiquetas que te pones rigen tu comportamiento. Si lo que haces está determinado por las etiquetas con que te defines, tal vez tus actos estén desconectados de tus objetivos y valores. Por ejemplo, podrías decidir estudiar medicina porque eres «inteligente», o para demostrar que lo eres, en lugar de por la motivación de dedicarte a una profesión asistencial. Como consecuencia, es posible que te sientas insatisfecha durante toda la carrera, pues que se te califique de «inteligente» no es realmente lo que alimenta tu alma. O tal vez estás tan apegada a la idea de ser «cuidadora» que lo planificas todo para poder hacerlo y encajas como puedes en torno a ello la vida familiar sin prestar atención a las quejas de tu familia. En este caso es posible que, sin saberlo, estés desatendiendo peligrosamente esas relaciones tan valiosas por ser coherente con la etiqueta de «cuidadora» con la que te identificas.

Cuando das prioridad a la coherencia del relato sin tener en cuenta sus efectos, acabas haciendo aquello que tiene sentido para la mente, y no lo que es beneficioso para ti y para las personas que te importan.

Cuando las etiquetas crean sufrimiento. Incluso aunque tu apego a las etiquetas no influya en tu comportamiento de una forma decisiva, puede ser perjudicial. Cuando estás firmemente apegada a las etiquetas, cualquier incoherencia te provoca una sensación de inarmonía, que puede traducirse en dudas, frustración, desesperanza, inseguridad y vergüenza *desproporcionadas*. Por ejemplo, ser «defensora de la justicia social» te hace examinar continuamente tus privilegios, utilizarlos para ayudar a los grupos desfavorecidos, tomar medidas concretas en favor de la igualdad, apoyar la agricultura sostenible, comprar en pequeños comercios, ver las noticias para estar informada, votar en las elecciones locales... La más mínima desviación de estas conductas significaría que eres una «hipócrita», una «egoísta» y una «mala persona». Como consecuencia, es posible que te sientas presionada a hacer siempre lo correcto y te invada un sentimiento de culpa cada vez que, como es de esperar, no consigas ser absolutamente congruente con la etiqueta.

Y no acaba aquí: si tiendes a sentirte inundada de emociones conflictivas, puede que acabes no haciendo nada, porque la idea de empezar cualquier cosa te resulta abrumadora. De esta manera, las etiquetas te tienen inmovilizada en la rutina. Atenerte al pie de la letra a lo que dicen de ti las etiquetas es como estar frente a un bufé obligada a comer de todo. Te encantaría tomar un poco de sopa y probar luego un par de postres, pero la idea de tener que comer una ración de cada plato que hay expuesto te deja paralizada.

Como explicábamos en el capítulo anterior, los sentimientos desagradables que se derivan de las etiquetas son aceptables y válidos de facto. Forman parte de tu experiencia; por lo tanto, son válidos. Ahora bien, puedes evitarte el conflicto y el sufrimiento que nacen del apego a tus etiquetas («Soy defensora de la justicia social, luego eso significa que *debo*...») si te las tomas menos en serio. Ser flexible con tus etiquetas significa que eliges la comida que quieres del bufé y dejas lo que *en ese momento* no te cabe en el estómago; el bufé de la vida seguirá ahí en el momento que decidas volver.

Cuando las etiquetas nublan la realidad. Cuando las etiquetas tienen un papel predominante en la percepción que tienes de ti y del mundo, puedes perder de vista lo que *realmente* ocurre y creerte lo que tus etiquetas dicen que *debería* ocurrir. Supongamos que te etiquetas de «introvertido», lo cual significa que no te gusta estar con gente nueva. A juzgar por esa etiqueta, debiste de pasarlo muy mal en aquella fiesta donde no conocías a nadie y todos hablaban de sus trabajos y sus familias. Sin embargo, la experiencia de estar en aquella fiesta te habría dicho que en realidad disfrutaste oyendo a Charles hablar de los tres perros que había adoptado después de divorciarse o a Gina recordar la compañía de danza que había fundado.

Cuando necesitas que el relato que te cuentas de ti sea coherente (por ejemplo, a los introvertidos no les gustan las fiestas), dejas que las etiquetas anulen la experiencia real y te pierdes lo que está pasando en el momento. Lo mismo ocurre cuando dices que la reciente ruptura no te ha dejado triste porque te «alegras» de que tu expareja haya encontrado a alguien que la entiende, cuando la realidad es que experimentas ambos sentimientos. Al final, tener la mirada fija en esas etiquetas y relatos, creyendo que te ayudan a entender el mundo, te impide, paradójicamente, vivir tu vida *tal como sucede*.

Por suerte, el apego a las etiquetas y los relatos es *opcional*. Puedes optar por vivir en la realidad alternativa que tu mente ha creado o en el mundo tal como es. Si quieres vivir de acuerdo con lo que te dicen tus experiencias, en lugar de tus etiquetas, prueba a cambiar de perspectiva.

Cómo adoptar la perspectiva de un yo sin etiquetas

¿Quién eres sin tus etiquetas? Piénsalo un poco. Elimina todos los adjetivos y sustantivos que seguían a «yo soy...» y mira qué queda. Bien, durante unos instantes, sé simplemente «yo». Acomódate en lo que es simplemente ser, sin identidades que nublen tu percepción; sin «neurótica», «superdotada», «graciosa», «ambiciosa», «sensible» y todo lo demás. Simplemente, sé. Observa tu espacio mental desde aquí.

...

...

...

¿Qué has notado al desprenderte de todas las etiquetas? Tal vez has sentido una ligereza desconocida, al no tener la necesidad de demostrar quién eres. Tal vez has descubierto que puedes estar de verdad presente sin esas anclas (en cierto modo, las etiquetas y los relatos tienen la función de anclarnos a la coherencia). Tal vez has sentido incertidumbre y confusión. Tal vez te ha angustiado que te costara tanto simplemente ser. Esperamos que lo que quiera que notaras haya sido un cambio respecto a tu experiencia habitual, porque eso ilustra lo mucho que tus experiencias han estado influidas por las etiquetas y relatos y te ofrece la posibilidad alternativa de decidir de una manera nueva.

Como si te quitaras las anteojeras, desprenderte de las identidades que te definían te expone a tu realidad completa, no solo a las partes que coincidían con los relatos. Por ejemplo, puede que te guste escuchar a cantantes desconocidos que hablan de temas profundos y te sientas, a la vez, totalmente identificada con Taylor Swift; o que la excelencia sea para ti un objetivo por el que estás dispuesta a esforzarte y, a la vez, hasta los galardones más codiciados te parezcan insustanciales; o que entiendas al instante la teoría de la relatividad general y no hayas caído en la cuenta de que tu bicicleta tiene marchas hasta que alguien te las ha mostrado. Todas estas realidades pueden coexistir cuando te liberas de tus relatos sobre ti.

Ahora ve un poco más allá y suéltate por completo del yo. Sea cual sea la entidad que consideras que eres, apártate de ella. Observa los pensamientos, los sentimientos, las etiquetas y los relatos en el espacio presente; observa cómo se quedan flotando o se alejan sin apegarte a nada de ello ni a un yo coherente. ¿Qué se siente al desprenderse de todo, al soltar el peso de la coherencia?

Pasar de un yo definido por lo que establecen las etiquetas y los relatos a un (no) yo observador supone un cambio de perspectiva; es como mirar una montaña imponente desde el suelo o mirarla desde un avión. Aunque la montaña no cambia, la percibes de forma diferente según desde dónde la mires. Desde el suelo, quizá sientas que estás ante un intimidante gigante de granito que te provoca miedo e impotencia; en cambio desde el cielo, quizá veas una impresionante característica geológica que te recuerda lo bella que es la naturaleza y te provoca admiración y calma. Dejemos una cosa clara, cambiar de perspectiva no consiste en cambiar de mentalidad o de actitud. Eso no funciona, al menos no en lo que realmente importa, así que no intentes cambiar los pensamientos, sentimientos o etiquetas. Simplemente, adopta una perspectiva distinta. Míralos desde el cielo, no desde el suelo.

Juguemos a cambiar de perspectiva (encontrarás una versión de audio de este ejercicio, «*Shifting Perspectives*», en http://www.newharbinger.com/48459). Para empezar, piensa en etiquetas de las que te enorgulleces en alguna medida: «planificadora», «inteligente», «organizada», «productiva», «talentosa», «ambiciosa», «eficiente»... Todas aquellas con las que te identifiques. Ahora escoge la etiqueta que quieras.

Durante unos instantes, observa *cómo* percibes la etiqueta que has escogido. ¿Dónde estás con respecto a ella? ¿Cómo de grande o de pequeña es en relación contigo? ¿Le tienes apego, desconfianza, temor, te es indiferente, te emociona? ¿La estás mirando desde el suelo o desde el cielo?

...

...

...

Ahora elévate flotando hacia las nubes y mira la etiqueta desde el cielo (o si antes estabas en el cielo, desciende al suelo). ¿Qué sensación te produce ver la etiqueta desde esta otra perspectiva? Fíjate en cómo influye haber cambiado el punto de vista en tu forma de interactuar con la etiqueta. Si te cuesta hacerlo, prueba a visualizar la etiqueta literalmente como una montaña (o un edificio, un lago o un árbol) mientras alternas entre el suelo y el cielo. Cuantos más detalles añadas a la visualización (como la sensación del viento en la cara mientras vuelas por el cielo o de la tierra firme bajo los pies), más fácil te resultará seguir presente en el ejercicio. Si te resulta un poco ridículo, probablemente es que lo estás haciendo bien. Dedica unos momentos a apreciar cómo se modifica tu relación con la etiqueta al cambiar de punto de vista.

Cambiar de perspectiva es algo que la mayoría hacemos de forma natural y automática. Por ejemplo, puedes ponerte con facilidad en la piel de un amigo que lleva esperándote cuarenta minutos y entender de verdad lo frustrado que se siente. Probablemente puedas imaginar también cómo se siente tu perro, solo en casa la mayor parte del día, mientras tú estás en el trabajo. Quizá hasta seas capaz de intuir qué pensaría la tú de hace cinco años, o la de dentro de cinco años, de la tú actual. La capacidad que tenemos para adoptar distintas perspectivas nos permite ir más allá de la persona que somos, la especie a la que pertenecemos y el tiempo en el que vivimos.

Así que adoptar distintas perspectivas no es para ti algo nuevo, simplemente no acostumbras a hacerlo con las experiencias internas. Por eso, es posible que al principio te desconcierte contemplarte desde un punto de vista distinto al habitual, sobre todo si nunca has practicado ninguna forma de mindfulness o atención plena, pero pronto verás que en esencia es muy parecido a mirar las cosas desde distintos ángulos, algo que haces a diario.

Por lo tanto, de lo que se trata ahora es simplemente de *expandir* la habilidad que ya tienes y aplicarla a un nuevo ámbito: tu mundo interior. Se trata de que, en lugar de ver el yo como un cúmulo de etiquetas y relatos, adoptes la perspectiva de un (no) yo que observa esas etiquetas y relatos desde el cielo. De este modo, al igual que el cielo es infinito y tiene espacio para todas las montañas, océanos, desiertos, bosques, fiordos e icebergs sin que ninguna de estas características lo defina, es infinito el (no) yo eternamente expansivo que se ha liberado de todas las definiciones.

La autocrítica en el perfeccionismo

La autocrítica es un tipo particular de etiqueta o relato, y todo lo que hemos explicado hasta ahora es aplicable a ella. Sin embargo, merece una sección aparte por lo perniciosa que es para alguien perfeccionista. En muchos sentidos, la autocrítica es el elemento más característico del perfeccionismo.

¿Cuáles son las críticas que te haces prácticamente a diario? Por ejemplo: «No tengo ningún control sobre mí», «Soy demasiado ansioso», «Le doy demasiadas vueltas a todo», «No encajo en ningún sitio», «Todo el mundo piensa que soy un incompetente» o «Nunca voy a encontrar a alguien que me quiera». Piensa en tres etiquetas o relatos autocríticos habituales que creas que son ciertos y anótalos en tu cuaderno.

¿Cuánto hace que cargas con estas críticas? Escoge la que lleves más tiempo arrastrando y remóntate a la primera vez que recuerdes haber tenido ese pensamiento. ¿Qué edad tenías? (La mayoría de la gente dice que fue de muy niña).

Si la autocrítica es de aparición reciente (los últimos dos años), elige otra. A veces, evitamos elegir las autoevaluaciones más duras precisamente porque nos parecen montañas inconquistables, así que ve directamente a la más grande. Sitúa los primeros recuerdos que tengas de ella. Descríbelos brevemente en el cuaderno.

...

...

...

Visualiza una versión reducida de ti batallando con ese pensamiento. ¿Dónde estás? ¿Qué llevas puesto? ¿Qué sientes? ¿Qué ves, qué oyes, qué hueles? Revive la escena con los cinco sentidos tanto como te sea posible, como si te transportaras a ese momento y estuvieras al lado de esa versión pequeña de ti.

...

...

...

¿Qué sensación te produce ver a ese pequeño tú desde tu perspectiva actual? El tú pequeño tiene una perspectiva muy limitada; cree que esa autocrítica es su realidad, y no una idea que le han endosado fuerzas ajenas a su control (repasa si quieres lo que explicábamos en el capítulo uno sobre los orígenes del perfeccionismo). Esta personita cree que es débil, indigna, que no hace nada bien, que es difícil estar con ella, que es un desastre o que nadie la va a querer siendo quien es.

Trata de meterte en su piel y sentir el peso de la autocrítica que lleva consigo.

...

...

...

¿Te das cuenta de que esa personita eras tú... y de que esa personita *sigues siendo* tú? Aunque ahora seas más grande, el peso de esas palabras no ha disminuido. La autocrítica te sigue carcomiendo; en todos estos años no has podido librarte de ella. ¿Qué hacer con esta situación?

Los efectos de la autocrítica

La autocrítica tiene el mismo poder que las etiquetas y relatos con los que te identificas. Cuando te crees lo que dice, controla todo lo que haces, te crea un sufrimiento innecesario y distorsiona las experiencias genuinas. Tal vez has trabajado tanto para demostrar lo que vales que has acabado con problemas crónicos de espalda y migrañas, o has saboteado relaciones valiosas porque estás convencido de que no las mereces. Cuando crees que hay algo detestable en lo más profundo de ti, te niegas la experiencia de dejarte querer o de saborear los momentos placenteros.

La autocrítica es corrosiva; te va desgastando tan lentamente que quizá ni siquiera te das cuenta de que tu vida ha tenido que contorsionarse para satisfacer sus caprichos. Mira lo que es tu vida ahora. Compárala con la vida que quieres construir. ¿Cuánto de lo que te falta es consecuencia de haberte creído la retórica de la autocrítica? Tal vez solo has salido con personas que te han tratado mal porque la autocrítica te dice que «tienes que conformarte con eso». O te has resignado a lo que ha sido y es tu vida —los mismos pasatiempos aburridos, los mismos amigos pasivo-agresivos, la misma relación de pareja insatisfactoria, el mismo trabajo mediocre—, en lugar de lo que podría ser, porque «no puedes aspirar a más». O estás agotado de intentar complacer a todo el mundo, disculpándote constantemente, diciendo a todo que sí, midiendo tus palabras, porque «eres un antipático». Aunque es posible que de entrada no te resulte obvio, una vez que empieces a rastrear la influencia que la autocrítica ha tenido en tu vida quizá te sorprenda (o no) ver hasta qué punto vives consumido por ella. Al creerte que esencialmente no eres digno de nada, le has dado a la autocrítica el poder de dictar los límites de tu existencia: eso es el relato que te sigues contando sobre quién eres.

En tu cuaderno, haz una lista de las cosas que has hecho o dejado de hacer a causa de la autocrítica. Reflexiona sobre cómo ha perjudicado a tu bienestar haberte creído cada palabra suya y sobre cómo afecta a lo que es hoy tu vida.

¿Puede ser motivadora la autocrítica?

Es posible que a estas alturas tu mente haya empezado a protestar y esté empeñada en hacerte ver que la autocrítica puede ser útil, por ejemplo cuando te sirve de motivación. Te explica que no habrías llegado tan lejos de no haber sido por las críticas, que necesitas decirte que lo que haces no está a la altura de tus capacidades porque eso te motiva a esforzarte por dar lo mejor de ti. Pues bien, como terapeutas que hemos trabajado con decenas de personas que han batallado con la autocrítica, queremos desmentir rotundamente el mito de que la autocrítica es el combustible necesario para tener éxito en cualquier sentido. Cabe la posibilidad de que siempre te hayas reprendido duramente y hayas logrado todo lo que te habías propuesto. Es decir, ambas cosas sucedieron, una no fue la causante de la otra. Además, incluso aunque lo hubiera sido, aunque decirte sistemáticamente que lo que haces no está a la altura de tus capacidades te haga de inmediato esforzarte aún más para demostrar que la crítica está equivocada, ¿de verdad quieres que tu vida sea así?

Aplica esa fórmula de motivación a cualquier persona que te importe: un hermano, una amiga, tu madre, un hijo, tu pareja. Imagínate intentando motivar a tu hermano pequeño a que estudie más diciéndole «no vales para nada» o diciéndole a tu hijo «de mayor serás un muerto de hambre si no terminas los deberes de matemáticas». Imagínatelo y observa lo que sientes. Suponemos que se te revuelve el estómago; parece obvio que emplear la censura para estimular la acción es innecesariamente cruel. Sin embargo, eso es lo que te haces todos los días cuando utilizas la autocrítica como combustible: «Solo un vago se marcha sin hacer la cama», «Tienes que dejar de ser una carga para tu familia».

La autocrítica no solo te hunde en la miseria, sino que posiblemente trabajarías y velarías por lo que te importa aun sin los incesantes latigazos mentales, simplemente porque te importa. ¿De verdad te echarían del trabajo si no te dijeras «¡qué vergüenza!» cada vez que cometes un error? ¿Dejarías a tus hijos desatendidos muriéndose de hambre si no te torturaras diciéndote que «eres un mal padre»? Si esas serían las consecuencias de dejar de criticarte, quizá convendría que te plantearas hasta qué punto te importan las cosas que te has puesto como meta. ¿Estás intentando demostrar algo o disfrutar al máximo de la vida?

Otra objeción a que sigas acatando la regla de que necesitas criticarte para hacer las cosas bien es que probablemente nunca lo has intentado de la otra manera. Hay gente que se pasa la vida haciendo las cosas de un modo que funciona lo justo porque con eso se conforma, y negándose a contemplar alternativas más fructíferas. Es posible que, incluso sin la autocrítica, hicieras las cosas igual de bien o mejor, y tu calidad de vida mejoraría. En cuanto el perfeccionismo te vea aventurarte en territorio incierto, te advertirá de los resultados tan desastrosos que tendrás que afrontar una vez que quites el pie del pedal de la autocrítica; vuelve a ser la voz de la coherencia, la misma que te convence de que no vayas nunca a un restaurante porque un amigo te ha dicho que no le gustó la comida. Conecta con la parte de ti que quiere experimentar la vida tal como es, no como tu mente dice que debería ser. Decide si quieres que la autocrítica sea el principal motor de tu vida o si quieres algo diferente. Arriésgate. Descubre cómo deseas vivir.

* * *

Todos lo hacemos. Utilizamos etiquetas y relatos que nos definen y que, en consecuencia, determinan lo que podemos y debemos hacer y lo que no: un «empollón» no hace deporte, una persona «seria» siempre revisa su trabajo, una persona «simpática» nunca dice que no. En el caso del perfeccionismo, esas etiquetas y relatos suelen ser una crítica: «inútil», «tarado», «incompetente», «insoportable». Cuando estamos fuertemente apegados a esas etiquetas, influyen en nuestro comportamiento, nos crean un sufrimiento innecesario y deforman la percepción que tenemos de nosotros y del mundo, todo ello en detrimento nuestro.

En este capítulo, te hemos invitado a adoptar la perspectiva de un (no) yo y a observar desde ella las etiquetas y relatos que utilizas para definirte como si estuvieras mirando las montañas desde el cielo. Te hemos animado a darte cuenta de lo que pasa cuando pones distancia entre tú y tus etiquetas: a aventurarte más allá de tus etiquetas y relatos. Y si no es hacia las etiquetas, ¿hacia qué vas a orientarte ahora? Te ofrecemos una respuesta en el siguiente capítulo, donde exploramos la idea de los valores.

Capítulo 6

Identifica lo que de verdad te importa

¿Cuándo fue la última vez que te sentiste bien con tu vida? Quizá te sorprendió de repente el pensamiento: «¡Guau, qué a gusto estoy!». Pudo ser un momento en el que estabas sencillamente presente y en paz, con la cabeza en silencio, sin defensas. Algunos lo llamarían «en estado de flujo». Tal vez luego pensaste que ojalá tuvieras más momentos como aquel. Retrocede en el tiempo tanto como necesites hasta encontrar ese momento. Si no recuerdas ninguno en particular, utiliza la imaginación. Imagina un escenario en el que esto pudiera ocurrir y sumérgete en él.

...

...

...

Este momento de «flujo» te dice algo sobre tus *valores*, sobre lo que de verdad te importa. ¿Con qué frecuencia tienes momentos como este, de puro y simple bienestar interior? Si te pasas el día batallando con el perfeccionismo, suponemos que no muy a menudo; lo más probable es que estés tan concentrado en trabajar más, en llegar más lejos, en poder tachar una entrada más de la lista de tareas pendientes y en no cometer ningún fallo que desatiendas aquello que de verdad valoras. También es posible que tengas momentos que *deberían* ser de plenitud, ya que están relacionados con lo que de verdad te importa (otra regla), pero en realidad no lo son, como al volver a casa después de haber pasado el día de excursión con tu familia sintiéndote igual de vacío que antes. No saber cuáles son tus valores, estar desconectado de ellos y que por tanto no ocupen un lugar prioritario en tu vida se traduce en ansiedad y temor existenciales; es como si vivieras esperando eternamente algo, sin darte cuenta de que tu vida se ha convertido en una larga espera.

Qué son «valores»

El significado que tiene para nosotros el término *valores* es diferente del que se le da en general. Entendemos que (1) los valores se eligen libremente y tienen sentido intrínseco (te importarían incluso aunque nadie supiera de ellos); (2) son direcciones, no destinos (*siempre* puedes avanzar hacia tus valores y nunca los conseguirás por completo), y (3) están totalmente bajo tu control (no dependes de factores externos para ponerlos en práctica). La función principal de los valores es orientarnos cuando perdemos el rumbo, como un faro en medio del temporal.

Es importante que sepas cuáles son tus valores porque vamos a pedirte que los utilices para evaluar la calidad de tu vida. Entendemos que una «buena» vida es aquella que vives en consonancia con tus valores y una «buena» acción, la que te lleva hacia ellos. Esto es diferente de evaluar tus acciones en función de cómo te hacen sentirte; en ese caso, una «buena» acción sería la que reduce o regula un pensamiento o emoción desagradable. La diferencia entre lo uno y lo otro es relevante, ya que tienes mucho más control sobre si tus acciones son «buenas» atendiendo al criterio de los valores que sobre si son «buenas» atendiendo al criterio de los sentimientos. Aplicar el criterio de los valores significa decirle a alguien que sí para ayudarlo porque necesita ayuda, mientras que aplicar el criterio de los sentimientos es decirle que sí para evitar sentirte culpable.

Los valores *no* vienen impuestos por las expectativas ni implícitas ni manifiestas del entorno (como tener éxito), ni se pueden tachar rápidamente de la lista una vez cumplidos (como ir a la iglesia el domingo), ni están fuera de tu control (por ejemplo, que te quieran). Quizá esta tercera condición, de que un valor debe estar bajo tu control, te resulte confusa, porque es posible que para ti tenga sentido intrínseco que te quieran, y siempre cabrá la posibilidad de que te quieran más, con lo cual se cumplen los dos primeros criterios. Sin embargo, que te quieran no cuenta como un valor si no puedes hacer que ocurra: puedes elegir actuar con amor, pero no puedes elegir que te quieran. El requisito «bajo tu control» está ligado a la idea de que vivir de acuerdo con tus valores determina la bondad de tu vida. Si eliges valores sobre los que no tienes control, renuncias sin darte cuenta al poder de hacer que tu vida sea «buena», y en consecuencia acabarás sintiéndote igual de impotente que si dejas que los sentimientos y las reglas elijan tus comportamientos por ti.

Los valores pueden ser *lo que sea*: la acción social, la autenticidad, ser digno de confianza, ser independiente, la compasión, la creatividad, conectar con otros seres humanos, la integridad, la naturaleza... Reflexiona sobre qué hace que te alegres de estar vivo, deseando empezar el día, o dispuesto a hacerle sitio al dolor; empieza por ahí. No hay valores buenos ni malos, correctos ni incorrectos. Tus valores son correctos porque tú los eliges; no necesitas justificarlos. Resiste la tentación de recurrir a nadie para que identifique por ti cuáles son tus valores, porque la única persona que disfrutará de una vida con sentido o que acabará sufriendo por tener una vida desconectada de lo que le importa eres tú. Por supuesto que tus valores pueden tener influencia de las personas cercanas e incluso solaparse con los de ellas, pero, a la hora de la verdad, solo puedes vivir los tuyos.

La función de los valores

Además de servirte de faro, los valores infunden un propósito a los momentos difíciles. Son la razón por la que eliges ir de acampada a un bosque plagado de bichos cuando podrías estar en casa, en tu cama calentita. Los valores dan sentido a escuchar a un amigo quejarse del mismo problema por vigesimoséptima vez, a despertarse a las cuatro de la madrugada para ver amanecer desde lo alto de una montaña y a limpiar vómito de perro del sofá. Por ejemplo, renunciar a un día de esquí por hacerle compañía a tu pareja que está enferma no será probablemente lo que más te apetece. Ahora bien, tal vez *elijas* hacerlo si conectas con tu valor de «atender a las personas queridas» cuando lo necesitan. Mientras recoges del suelo un pañuelo de papel lleno de mocos, quizá te das cuenta de que en cada movimiento que has hecho ese día para «atender a tu pareja», en lugar de haber ido a deslizarte por las pendientes nevadas, has sido exactamente la persona que quieres ser, aunque la opción de quedarte no fuera la que más te apetecía. Ahora imagínate haber hecho exactamente lo mismo sin haber conectado con ese valor de «atender a las personas queridas». Tal vez no has ido a esquiar porque sentías la obligación de quedarte con tu pareja o porque sutilmente ella te ha presionado. Desde fuera, podría parecer un día idéntico al otro, pero tu paisaje interior sería muy diferente.

Al infundir sentido a nuestros actos, los valores pueden hacer que elijamos vivir cosas que normalmente, incluso instintivamente, evitamos. Por ejemplo, nadie suele echar de menos que le duelan los músculos, pero si asocias el dolor muscular con el fortalecimiento físico (suponiendo que «estar fuerte» sea para ti un valor), puede que incluso quieras sentirte dolorido después de un entrenamiento riguroso. En ese marco de referencia, que te duela el cuerpo *significa* que te estás poniendo fuerte, así que eliges experimentar esas molestias. Pongamos un ejemplo más macabro: piensa en lo dispuesto que estarías a renunciar a uno de tus pulgares. Probablemente no demasiado. Pero ¿y si renunciar a un pulgar salvara a alguien muy querido de un espeluznante asesino que solo acepta pulgares como rescate? Si tu respuesta no es de inmediato «entonces claro», suponemos que al menos estás dispuesto a considerar la posibilidad de renunciar a tu pulgar en esta situación hipotética, ya que ahora *significa* salvar a esa persona querida.

Por otro lado, la vida sin valores es insoportable. Sin valores, cumplirías mecánicamente con las formalidades, te arrastrarías de obligación en obligación contando los minutos que faltan para acabar la jornada, intentando convencerte al mismo tiempo de que lo que estás haciendo es lo que quieres hacer. Estar desconectado de tus valores te priva de la capacidad de apreciar la vida, incluso aunque estés haciendo cosas que *deberían* hacerte sentir que la vida vale la pena. Hay personas que tienen un trabajo interesante, dinero para vivir cómodamente, una familia cariñosa, amigos estupendos y aficiones amenas y, aun así, se sienten vacías. Y ese dolor puede convertirse en sufrimiento si se reprenden por no ser felices a pesar de todos sus privilegios. Estar en una situación que *debería* hacerte feliz no garantiza que vayas a ser feliz, porque las emociones no se rigen por la lógica. ¡Qué se le va a hacer! Sin embargo, si te paras unos segundos y te das cuenta —lo que se dice darte cuenta, de verdad— de que tus acciones contribuyen a que tengas la vida que quieres y dejes el legado que te gustaría dejar cuando te vayas, es mucho más fácil encontrarle sentido a lo que haces y tener la motivación para hacerlo.

Identifica tus valores

Tus valores encarnan lo que quieres ser y lo que quieres representar. En lugar de «sé tú», en el contexto de los valores el consejo es «sé quien te *importa* ser». Sé la persona a la que respetarías. Sé la persona que, al mirar atrás, se sentiría orgullosa de lo que ha hecho (y de lo que no ha hecho). Sé la persona que el miedo te dice que no puedes ser.

Identificar los valores es especialmente difícil si todavía estás apegada a imágenes de cómo deberían ser las cosas o de quién deberías ser, porque los «deberías» y los «valores» se confunden. ¿Valoras el éxito o crees que «deberías» esforzarte por triunfar? ¿Valoras poder mantener a tu familia o crees que eso es lo «correcto»? El problema de los «valores debidos» es que no te dan el mismo impulso que los valores elegidos libremente. Muy al contrario, solo te llevan a más espera e insatisfacción.

Para identificar tus verdaderos valores, deja de lado las normas, haz sitio para el malestar de equivocarte y simplemente observa el dolor que nace de la discrepancia entre lo que haces en la actualidad y la vida que quieres tener. Respira intencionadamente varias veces seguidas. En definitiva, ¿qué quieres ser? ¿Qué quieres encarnar? ¿Qué hará que el dolor valga la pena?

Aquí hay más preguntas que puedes utilizar para saber con claridad cuáles son tus valores:

1. ¿Qué valorarías o por qué trabajarías aunque nadie lo supiera?
2. Si no tuvieras que preocuparte por las repercusiones que pudiera tener, ¿qué harías con tu vida?
3. Si te tocara la lotería, ¿qué harías?
4. Qué quieres que diga tu epitafio?
5. ¿Qué quieres que las personas queridas recuerden de ti cuando hayas muerto?
6. ¿Qué te da alegría, por pequeño que sea?
7. ¿Qué elegirías hacer una y otra vez, incluso sabiendo todo el dolor que te causaría?

Reflexiona sobre estas preguntas y anota en tu cuaderno palabras o frases que capten tus valores.

Después de hacer este ejercicio, probablemente estés más cerca de identificar tus valores, pero no hay manera de saber con seguridad que son exactamente esos. Identificarlos no consiste en dar con la respuesta o la motivación correctas (reglas, una vez más), sino en descubrir lo que te alimenta el alma y te aviva el corazón. Podemos seguir ahondando, y estar cada vez más cerca de descubrir cuáles son, pero los seres humanos somos tan complejos que es imposible definirlos con precisión absoluta. Nuestras necesidades cambian constantemente, y son infinitas las formas de satisfacerlas. (Quédate con esa incertidumbre unos instantes).

Durante la próxima semana, continúa perfilando los valores que has anotado en tu cuaderno. Haz que sean más específicos. Por ejemplo, en lugar de decir que un valor son las «relaciones», concrétalo en «ser una buena compañera» o «estar presente con mi familia». Dedica el tiempo que necesites a afinar la lista para que sepas con claridad lo que cada valor significa para ti.

Luego actúa de acuerdo con tus valores y fíjate en el efecto que tiene. ¿Te gusta tu vida más que antes? Cuando decimos «te gusta», no nos referimos a que te diviertas más; nos referimos a que atravesar los momentos difíciles valga la pena, a sentirte orgullosa de cómo ocupas tu tiempo y a encontrar sentido a lo que haces. Si apenas notas el cambio, reevalúa la lista de valores. Descubre valores que tengan auténtico efecto.

Conecta con tus valores

Identificar los valores es solo una parte del trabajo; otra parte es conectar con ellos, lo cual significa darte cuenta del propósito que hay detrás de una acción mientras estás actuando y entender esa acción como un paso hacia algo que trasciende la situación del momento. Es algo muy distinto de «tener una actitud positiva» y decirte retroactivamente que en el último proyecto de grupo no te ha importado hacer de nuevo más trabajo del que te correspondía porque «valoras» ser un miembro responsable del equipo. Probablemente ya has probado a hacer cosas de esta clase, pero eres demasiado inteligente como para convencerte de algo que ni creías entonces ni crees ahora. Conectar con los valores, en cambio, significa encontrarles a tus actos un sentido que realmente existe.

Ahora bien, para eso es necesario tener *la intención* de encontrar el «valor» de lo que estamos haciendo, no es algo que nos sucede sin más. Actuamos de acuerdo con nuestros valores por decisión propia. Por ejemplo, a mí, Clarissa, comprobar meticulosamente la configuración de las encuestas e introducir en el ordenador los datos para un estudio me resulta tedioso. Sin embargo, reflexionar sobre cómo esas tareas contribuyen a mi valor de «generar y comunicar conocimientos útiles», pensar que podrían serle de ayuda a alguien en algún momento, me anima a *elegir* hacerlas, incluso pudiendo elegir lo contrario. De hecho, casi siempre podríamos elegir lo contrario; rara vez *tenemos* que hacer nada (son las reglas las que dicen que sí). No *tengo* que empezar a enviar solicitudes de trabajo justo después de graduarme. No *tengo* que ser amable con todo el mundo. No *tienes* que ayudar a tus hijos a hacer los deberes. No *tienes* que llegar al aeropuerto cuatro horas antes de la salida de tu vuelo. No *tienes* que hacer la colada todos los domingos. Aunque no seas consciente de ello, eres tú quien *elige* hacer estas cosas.

En todos estos casos, elegimos en función de si estamos dispuestos (o no) a asumir la consecuencia de una determinada acción. Cuando dices que «tienes que» hacer algo, probablemente lo que pasa es que no estás dispuesta a asumir las consecuencias de no hacerlo: no estás dispuesta a tirar la toalla en el último año de carrera y que todos tus esfuerzos hayan sido en vano, o no te vas a arriesgar a que tu pareja se enfurezca contigo por no ir al cine con ella. Por muy desagradable que sea lo que eliges hacer dadas tus circunstancias y valores, sigue siendo una elección. Al menos, enmarcar de esta manera tus acciones te ofrece un punto de vista alternativo. *Elijo* enviar solicitudes de trabajo justo después de graduarme. *Elijo* ser amable con todo el mundo. *Eliges* ayudar a tus hijos a hacer los deberes. *Eliges* llegar al aeropuerto cuatro horas antes de la salida de tu vuelo. *Eliges* hacer la colada todos los domingos. Si percibes estos comportamientos como una elección tuya, es obvio que entonces tienes la posibilidad de hacer una elección distinta: lo mismo que *eliges* esperar a sentirte motivada antes de empezar un nuevo proyecto, también puedes *elegir* empezar un proyecto aunque no te sientas motivada. Imagina cómo sería tu vida si tomaras las decisiones basándote en tus valores y no en las reglas y el miedo.

Elegir que sean tus valores los que orienten tu conducta no solo te libera del perfeccionismo, al ofrecerte una nueva dirección, sino que además te aporta una sensación de vitalidad y plenitud. Al mismo tiempo, tu mente va a ingeniar todo tipo de razones para que te quedes exactamente donde estabas. Cada vez que notes tensión entre las normas perfeccionistas y tus valores, pregúntate: «¿Qué me importa más, tener razón o ser libre?». Dar ese primer paso hacia tus valores significa liberarte de las estructuras que han estado regulando tus acciones desde que tienes memoria, y eso es aterrador. Sin embargo, lo mismo que cuando empezaste a andar y el miedo inicial quedó eclipsado por la sensación de poder que te dio la autonomía recién descubierta, probablemente el terror se diluya en cuanto descubras todo lo que la vida pone a tu alcance.

Problemas en torno a los valores

Actuar de acuerdo con nuestros valores no siempre es tan fácil como parece. Muchos dan por sentado que «debería» resultarles sencillo saber lo que les importa y que, una vez que lo saben, «deberían» ser capaces de «hacer lo que haya que hacer». Quizá tú también lo has pensado, esto o algo parecido. La coherencia dice que si algo te importa lo suficiente, harás por ello lo que sea necesario; y a la inversa: que si no lo haces, es porque no te importa lo suficiente. Cuando te enredas en estos procesos cognitivos, descubrir cuáles son tus valores y orientarte por ellos se complica. Es posible que dar con los valores «correctos» se convierta en una obsesión, que aplaces el momento de empezar a actuar de acuerdo con tus valores, que los trates como si fueran reglas o que te apartes de ellos. Conviene que entiendas qué dificultades te puedes encontrar a la hora de identificar tus valores y conectar con ellos, para saber qué hacer llegado el caso.

Identificar los valores equivocados. Los valores son maravillosos cuando sabemos cuáles son, pero no siempre lo sabemos. Por ejemplo, tu mente perfeccionista podría estar preguntándose ahora si has anotado los valores correctos. Entendámonos, identificar los valores es algo muy serio; si resulta que has seleccionado valores equivocados y orientas hacia ellos todo lo que haces, tu vida será incongruente con tus verdaderos valores. Habrá sido una grandiosa metedura de pata.

Mentalmente, da un paso atrás y haz balance de lo que está ocurriendo dentro de tu cabeza en estos momentos. ¿Es esta una ronda más de *El perfeccionismo dice*? La regla podría ser: «Tienes que identificar los valores correctos para vivir una vida provechosa». Cuando la mente está llena de ruido, las reglas pueden ser difíciles de detectar, así que elévate por encima de la cháchara y observa desde arriba las discusiones y los razonamientos. Ponte en contacto con la parte de ti que está libre de reglas, expectativas, ansiedad, estrés y preocupación. Acepta la posibilidad de equivocarte al establecer cuáles son tus valores.

No estar preparados para actuar de acuerdo con nuestros valores. Una vez que sabes qué valores van a marcarte el rumbo, la mente podría imponerte una nueva regla que dice que necesitas «estar preparada» antes de poder actuar en consonancia con ellos. Estar preparada puede significar diferentes cosas, pero esencialmente supone ocuparte de todo excepto de lo que tiene relación con tus valores. Por ejemplo, necesitas tener organizada la ropa de tus hijas y todas las tareas domésticas terminadas antes de ponerte a hacer ejercicio o necesitas deshacerte del miedo al compromiso antes de empezar a salir con alguien. Te ha prometido la mente que podrás dedicarte a tus valores *después* de que hayas puesto tu vida en orden, así que trabajas años y años intentando prepararte para la vida que realmente quieres, y consigues hacerte una experta en postergar sin fin todo lo que de verdad te importa.

¿Hasta cuándo piensas seguir esperando a que la mente te dé luz verde? Es deprimente vivir esperando a que en algún momento la vida cobre sentido. En lugar de eso, relaja las exigencias perfeccionistas y pon en primera línea tus valores: organiza una cena e invita a tus amigos, aunque eso signifique terminar más rápido de lo habitual el trabajo que tienes entre manos; toca la canción que acabas de aprender y que tu familia está deseando oír, aunque no la hayas practicado todo lo que te gustaría, o apúntate a clases de poesía, aunque nunca hayas leído un poema. A la hora de la verdad, ¿qué eliges, que tu vida sea perfecta o que tenga sentido para ti?

Elegir entre valores «incompatibles». Cuando empieces a orientarte por una diversidad de valores, lo más probable es que te encuentres con el problema de que algunos parecen incompatibles con otros. Si valoras estar con tu familia y valoras la profesionalidad, ¿qué es más consecuente: tomarte unos días libres para hacer un viaje familiar a Yosemite o posponer el viaje para terminar el trabajo que tienes entre manos? A veces, será evidente que un valor tiene más peso que otro. Si el viaje familiar está programado en esa fecha para celebrar el decimotercer cumpleaños de tu hijo, probablemente decidas tomarte esos días libres y terminar el trabajo a la vuelta. Pero ¿y en los casos en que la salida no es tan fácil? ¿Cómo elegir entre varios valores que tiran de ti cada uno en una dirección?

De nuevo, las responsables del aprieto son en parte las normas, sobre todo las que están relacionadas con saber a ciencia cierta cuál es la respuesta: «Tengo que tomar la decisión correcta», «En lo que tiene que ver con mis valores no puedo fallar» o «Tengo que saber con certeza cuál es el valor más importante antes de hacer nada». El perfeccionismo quiere que utilices la lógica para resolver tu vida antes de vivirla, pero la lógica no puede hacer eso por ti. A estas alturas, ya sabes qué hacer: sé valiente y elige de todos modos. Ábrete a la incertidumbre. (La necesidad de saber con certeza es la trampa de la coherencia). Aprende de la experiencia y confía en que el cúmulo de experiencias vividas te guiará hacia donde necesites estar.

A la hora de elegir entre valores aparentemente contradictorios, quizá te ayude también recordar que, aunque los valores son relativamente estables, la forma de ponerlos en práctica es más flexible. Si valoras el cuidado del medioambiente, podrías ir a por todas y dejar de comprar artículos de plástico, conducir un coche, usar el aire acondicionado y comer carne, entre otras muchas cosas. Pero eso es insostenible. En lugar de eso, puedes ser fiel a tu valor medioambiental usando la bicicleta siempre que puedas, llevando una dieta principalmente vegetariana y reciclando. Eso te deja espacio para hacer otras cosas que te interesan, como ir de *camping* y leer literatura feminista.

La realidad es que tienes tiempo, energía y recursos limitados. No puedes actuar de acuerdo con tus valores siempre y en todas las situaciones, así que tendrás que lidiar frecuentemente con el dilema de dar prioridad a unos valores o a otros dependiendo del contexto. En este sentido, los valores no son gratuitos. Inevitablemente, muchas veces tendrás que renunciar a algo que valoras para conseguir algo que en ese momento valoras más. La cuestión ahora es: una vez que has decidido a qué valor dedicar tu tiempo, ¿puedes aceptar el malestar que nace de saber que no se lo estás dedicando a otros valores?

Desviarse de los valores. Mantener la conexión con tus valores mientras avanzas en la vida es un trabajo constante. Es posible que la mente consiga distraerte de tus valores más de lo que te gustaría y que tus valores cambien a medida que vas cumpliendo años. Experimentar con tus valores despejará poco a poco el panorama y podrás ajustar tus acciones en consecuencia. Tal vez has descubierto que no tienes particular interés en ser complaciente y que, por mucho malestar que te cree, ser firme y enérgico te hace sentir que estás haciendo lo correcto por ti. Tal vez has visto que no valoras realmente trabajar para una empresa de prestigio y le encuentras más sentido a trabajar por cuenta propia.

Una forma de mantenerte fiel a tus valores es utilizar la experiencia para reflexionar sobre si te sirven. Recuerda que los sentimientos son una valiosa fuente de información, así que úsalos como datos. Vivir de acuerdo con tus valores es cualitativamente distinto de cumplir como un autómata una lista de deberes. No puedes predecir exactamente cómo te hará sentirte; tal vez incluso te siga incomodando hacer algunas cosas; pero actuar de acuerdo con tus valores significa que elegirías las mismas conductas aunque pudieras volver a empezar. Por ejemplo, quizá te aburra ayudar a tu hijo a hacer los deberes de álgebra, sobre todo cuando podrías estar viendo por segunda vez un capítulo de *Rick y Morty*. Sin embargo, si tuvieras la oportunidad de volver a elegir, elegirías la opción que contiene más sensaciones desagradables porque es la que te acerca al padre que quieres ser. Ese es el poder de los valores.

* * *

Los valores son cualidades o formas de ser elegidas libremente, que significan algo para ti y que te pueden servir para orientar tu conducta, como podrían ser la superación, la valentía o la humildad. Dan sentido a tus acciones al vincularlas a un propósito que las trasciende, de modo que sacar a pasear a tu perro no es solo una obligación, sino también una forma de demostrarle que te importa. Para identificar tus valores, ponte en contacto con la parte de ti que está más allá de las normas y los miedos. En ese espacio, pregúntate qué te importa. ¿Qué dirías, si dentro de diez años no tuvieras que rendir cuentas a nadie más que a ti?

Una vez que hayas identificado tus valores, actúa de acuerdo con ellos. Aprende a convivir con la incertidumbre cuando empieces a ponerlos en práctica; no siempre sabrás cuánto valoras en verdad algo antes de actuar. Si tus valores no te sirven, revísalos. Utiliza la experiencia de haber experimentado con distintos valores para afinar al máximo cada nueva selección; es posible que la única forma de discernir cuáles son tus valores sea a base de ensayo y error.

Lo maravilloso de los valores es que son omnipresentes. La oportunidad de orientarte hacia ellos existe en cada momento. Los valores no son consecuencias futuras; solo se pueden experimentar aquí y ahora. En el capítulo siguiente, hablaremos de cómo mantener la atención enfocada en el presente incluso aunque tu mente y la sociedad insistan en que evalúes tu vida basándote en los resultados.

Capítulo 7

Enfoca la atención en el proceso, no en los resultados

¿Cuál es tu mayor motivo de orgullo? Piénsalo unos instantes.

...

...

...

¿La respuesta ha sido algo que has logrado a base de esfuerzo? ¿Tener hijos, doctorarte, comprar una casa, conseguir un trabajo de prestigio...? ¿Sí?, es comprensible. Se nos ha enseñado a definir el éxito en función de los resultados, porque eso es lo que la sociedad valora. No se premia a nadie por su ética de trabajo; lo importante son los beneficios económicos, los bienes que se adquieren y otros productos tangibles.

¿Y qué es lo que más te avergüenza? La sociedad nos dice también de qué debemos avergonzarnos y qué nos debe abochornar: dejar los estudios, no tener una relación de pareja formalizada, ganar menos de lo que se considera respetable, manifestar algún síntoma de inestabilidad psicológica e incluso ser un idealista. Inconscientemente, hacemos asociaciones automáticas (rico = bueno, deprimido = malo) influidos por los mensajes culturales explícitos e implícitos, como los anuncios que nos muestran cómo las personas que toman medicamentos psicotrópicos (ansiolíticos) son más felices que las que no los toman. Es comprensible que todo esto nos haga desear insistentemente una (al menos) de estas dos cosas: (1) mayores y mejores logros (más resultados «buenos») o (2) evitar a toda costa los errores (menos resultados «malos»).

El problema de vivir con la mirada puesta solo en los resultados, «buenos» o «malos», es que perdemos de vista el proceso. Pero el «cómo» es muy importante, puesto que tienes más control sobre *cómo* haces las cosas que sobre *qué* obtendrás de ellas o *qué* se derivará de ellas. Por ejemplo, si durante una excursión por un bosque tu prioridad es conectar con la naturaleza, es más fácil que lo consigas que si tu prioridad es llegar al final del bosque en dos horas, porque casi siempre hay variables que escapan a tu control y que afectan a los resultados. Puedes torcerte un tobillo. Podría haber una tormenta. Podrías encontrarte con un puma. No está a tu alcance garantizar que obtendrás los resultados que quieres. Que se lo digan a los Cavaliers; puedes tener en tu equipo a LeBron James y aun así perder la final de la NBA.

Además, obsesionarte con los resultados a expensas del proceso significa que estás dejando que el presente se te escape entre los dedos. Mientras rememoras los viejos logros, te obsesionas con los fracasos del pasado y te preocupas por el futuro, no estás presente en el espacio que realmente ocupas. Si poner la mirada en los resultados te ayudara a encontrar satisfacción, estupendo. Pero, con sinceridad: ¿cuándo ha tenido más sentido tu vida, cuando has estado presente en el proceso o cuando lo importante eran los resultados?

El precio de tener la atención en otra parte

Que vivas presente en el proceso o que tu vida la determinen los resultados dependerá de *dónde* pongas la atención. Si tuviéramos una atención sin límites, podríamos centrarla en todo sin perdernos nada, y en la boda de tu nieta podrías estar pensando en que da pena cómo han colocado los floreros en la mesa mientras la escuchas sin perder detalle.

Por desgracia, los seres humanos tenemos una capacidad de atención limitada, lo que significa que cada vez que prestas atención a una cosa, sin darte cuenta dejas de prestársela a otra. Imagina que estás jugando con tu hijita pequeña, con tu sobrino o con tu nieto. Quizá estáis en el suelo haciendo una torre de bloques o le estás enseñando a andar o jugando con ella o con él al cucú-tras. De repente, la mente te recuerda que todavía no has contestado a la invitación de Eric y Becky diciéndoles que asistirás a su fiesta, y tu atención pasa de la modalidad de juego a la modalidad de resolución de problemas. Tomas el teléfono y le envías un mensaje a Eric, y dejas al pequeño Bur solo con sus bloques.

Si contemplas esta situación, ¿crees que podría ser valioso continuar presente con Bur y ocuparte más tarde de responder a tus amigos? Tal vez en ese rato le veas una expresión que no le habías visto antes y que te deja boquiabierta o le oigas decir tu nombre por primera vez. Más allá de eso, significa abrazar por entero la experiencia de estar con Bur mientras va haciéndose mayor. Y, además, al seguir con él estableces el hábito de estar presente, que puedes aplicar a otras situaciones, como el momento en que quieres concentrarte en una receta o escuchar a tu pareja contarte lo que ha hecho durante el día.

Conviene aclarar una cosa. Estamos hablando del valor que tiene «no perderte» lo que está pasando en el momento cuando lo que está pasando te importa. No nos referimos a «perderte» una conversación intrascendente con gente que no conoces o lo que se dice en un acto social muy aburrido. Hay cosas que te puedes permitir el lujo de perderte y otras que no, como abrir los regalos de Navidad con tus hijos, verlos crecer, cada día más altos, más ágiles, o escuchar a un amigo que se acaba de separar y está pasándolo mal, o ser testigo de cómo tu equipo favorito hace historia.

Se trata de *elegir intencionadamente* en qué enfocar la atención y qué dejar de lado. ¿Qué cosas te alegras de dejar pasar y en cuáles quieres estar presente? Te guste o no, hay muchas cosas que te vas a perder. No todos vamos a ir al Louvre, sostener en la mano una estrella de mar, comernos el corazón de un alce, escalar una montaña de cuatro mil metros o alimentarnos de lo que hemos cultivado con nuestras manos. Dado que dispones de una capacidad de atención limitada, prioriza a qué quieres dedicar esa energía tan valiosa. ¿Quieres gastarla en repasar los errores que has cometido, en volver a conversaciones desafortunadas que no puedes rehacer y en imaginar todo lo malo que podría pasaros a ti y a los tuyos, o dedicarla a estar presente en tu cena de aniversario, en los primeros pasos de tu hijita y en ver andar por primera vez a tu perro con patucos?

Hazte una evaluación rápida. En tu cuaderno, calcula qué porcentaje de atención has dedicado en total a tus valores durante la última semana. ¿Cuál es? ¿Refleja esa cifra lo que de verdad quieres?

Atender es una habilidad

Si quieres cambiar esta cifra, ejercita la atención. Atender es una habilidad y, con la práctica, puedes aumentar el control que tienes sobre hacia qué la diriges. Esto significa que podrás *elegir* entre cavilar sobre los errores que has cometido en el trabajo o concentrarte en ganar a tus compañeros de piso al Catán, entre preocuparte por si les caes bien o no a tus vecinos o meterte de lleno en las secuencias de acción de *John Wick* y entre estresarte pensando en qué vas a hacer para comer o disfrutar del abrazo de tu pareja.

Visualiza la atención como un foco situado en el escenario de tu mente. Casi en todo momento hay varios actores pululando. Algunos son ruidosos y detestables y compiten entre ellos por ser el centro de atención, mientras que otros se contentan con quedar en segundo plano y pasar desapercibidos. Podrías tener la tentación de dirigir la escena y hacer que unos digan sus frases en tono más bajo o que los otros se muevan con más brío, pero son actores díscolos que no hacen ni caso de las instrucciones. De hecho, cuanto más intentas dirigirlos, más rebeldes se vuelven. Así que olvídate de tratar de imponerles disciplina y hazte con el control del foco. Aunque no puedes controlar quién va a aparecer en el escenario ni qué va a hacer, puedes elegir en quién enfocas la atención y quién se queda en la sombra.

Quizá te resulte frustrante oír esto. Nada nos gustaría más que enseñarte cómo hacer desaparecer para siempre a todos esos actores mediocres o, al menos, cómo adiestrarlos para que sean más competentes. Estamos de acuerdo en que sería mucho más agradable poder organizar a tu gusto lo que sucede en el escenario. Sin embargo, te pedimos que dejes a los actores mediocres a su aire y encuentres la manera de enfocar a los actores que te interesan *sin* perder la energía en echar antes del escenario a los que no. Si recuerdas algo de lo que contábamos en los capítulos tres y cuatro, entenderás que te pedimos que hagas esto por puro pragmatismo. Te pedimos que muevas el foco, y no a los actores, porque a los actores solo puedes moverlos hasta cierto punto. Son gente muy testaruda que hace lo que le da la gana. Tal vez recuerdes también que esos actores son pensamientos y sentimientos que en sí mismos no tienen el poder de manejarte ni de arruinarte la vida. Como las piedrecitas que se te meten en el zapato, esos actores pueden ser una molestia y quizá preferirías sacarlos a todos. Pero créenos, puedes avanzar hacia tus objetivos y tus valores en su presencia.

El ejemplo más claro de lo que acabamos de explicar es una práctica de respiración consciente. La respiración meditativa consiste básicamente en prestar atención a cada inspiración y espiración, dándonos cuenta de cuándo la mente se distrae y volviendo a dirigir la atención con suavidad hacia la respiración cada vez que ocurre. A veces, alguien no consigue mantener la atención puesta en la respiración y se lamenta de haber hecho mal el ejercicio. Sin embargo, el propósito de la práctica meditativa no es tanto mantener la atención puesta en la respiración como redirigir la atención a ella cada vez que se desvía, algo que inevitablemente ocurre. Cuantas más veces sorprendes a la mente divagando y vuelves a enfocar la atención en la respiración, más desarrollas la capacidad de redirigir la atención. Recuerda que la prioridad aquí es el proceso, no los resultados.

Ser capaces de redirigir la atención y la consciencia es especialmente importante cuando aparece en escena la preocupación, un rasgo característico del perfeccionismo que puede apoderarse de nosotros por entero. Revive un instante lo que supone entrar en la espiral de la preocupación («¿Y si resulta que..»., «¿Y si no lo consigo?», «¿Qué voy a hacer si...?») mientras visualizas una sucesión ininterrumpida de imágenes de todas las desgracias que te esperan. Cuando te quedas atrapado en la espiral de la preocupación, es difícil que consigas salir de ella si 1) de entrada no te das cuenta de que estás en una espiral de preocupación y 2) no sabes qué hacer aun siendo consciente de lo que te está pasando.

Ser capaces de dirigir intencionadamente la atención ayuda en ambos casos. Te hace ver que la espiral de la preocupación es *un actor más* en el escenario de tu mente, un pesado que quiere «chupar foco»* para que escuches su monólogo ininterrumpido. Cuando adoptas esta perspectiva, resulta evidente que la espiral de la preocupación no es tan especial como parece. Quizá su voz suene más fuerte y desesperada que otras voces, pero en el escenario

---

* N. de la T.: *Chupar foco* es la acción y efecto de intentar un actor convertirse en centro de atención de los espectadores. (También *chupar luz* o *robar escena*)». Manuel Gómez García. *Diccionario Akal de teatro*. Madrid: Akal, 1998, p. 237.

no tiene privilegios. Además, esta nueva perspectiva te da la posibilidad de encontrar opciones mucho más interesantes, ya que te permite ver *todo* lo que hay en el escenario. Te encontrarás no solo con la preocupación, sino también con la voz de tu amiga diciéndote que la leche de avena es mejor que la de soja, la sensación de la brisa fresca en la cara y el alegre canto de una curruca amarilla. Cuando funcionas en este nivel de consciencia, desconectas con más facilidad de la preocupación y los pensamientos funestos. Y solo hace falta práctica para llegar a este nivel.

Cómo redirigir la atención

Afortunadamente, puedes jugar a redirigir la atención en cualquier momento y lugar. El presente siempre está aquí. Haz la prueba ahora (lee con nosotros las indicaciones del siguiente párrafo o sigue las de la grabación de audio de este ejercicio, «*Taking Control of Your Mind's Spotlight*», es decir, «Toma el control del foco», que encontrarás en http://www.newharbinger.com/48459).

Da un paso atrás y distánciate del ajetreo de la mente. Siéntate en un palco del teatro y observa a los actores que hay en el escenario, empujándose unos a otros. Fíjate en el barullo cuando hablan todos a la vez. Fíjate en los decorados. Fíjate en el material de los asientos y en la disposición del teatro. Ahora mira fuera del teatro. ¿Qué está pasando en este momento? ¿Qué oyes, qué hueles, qué ves, qué estás tocando, qué sabor notas en la boca? Ponte en contacto con cada uno de los sentidos. De verdad, hazlo.

...

...

...

Escucha lo que tus sentidos te dicen sobre tu entorno. ¿Qué sonidos te llegan? ¿Qué sientes estando sentada donde estás? Atiende a cada uno de los estímulos a medida que *entran en tu campo de consciencia*. Sigue haciéndolo. Imagina que estás presente al ritmo de un metrónomo. Con cada tictac, estás presente.

Si tu mente divaga, genial; esta es tu oportunidad de practicar cómo volver a centrar la atención en el ahora, lo cual puede ser difícil al principio. Sé paciente. Permítete ser imperfecta en esto. Empieza por observar el lugar al que tu mente se ha desviado. Tal vez incluso notes la sensación de estar atrapada en él. Mira a todos los actores que hay en el escenario compitiendo por chupar foco. Una vez que los tengas en el ojo de tu mente, gira el foco y dirígelo hacia los sonidos, los olores y las vistas del presente. Quizá lo has conseguido durante un segundo. Eso cuenta. Se trata de que sigas practicando, tomando una y otra vez el control de tu atención, para que la próxima vez que una espiral de preocupación te engulla o el estrés te haga subirte por las paredes puedas salir de la sima, expandir tu consciencia y elegir dónde quieres estar en el paisaje inmenso.

¿Por qué te pedimos que hagas esto? Puede que uno de los actores esté ahora mismo protestando, diciéndote que este ejercicio es una pérdida de tiempo y que podrías haber enviado como mínimo cuatro correos electrónicos en el rato que has estado ahí sentada mirando el escenario de tu mente. Es comprensible, el perfeccionismo desprecia la ociosidad. Lo que pasa es que no estás ociosa, ni muchísimo menos. ¿O es que no tienes que hacer un tremendo esfuerzo para apartarte de la ansiedad, el estrés y la preocupación, y redirigir tu atención hacia algo que sea más relevante para lo que de verdad necesitas? ¿O es que no te cuesta salir del agujero negro de los «y si resulta que...» y los «debería» y orientarte hacia el momento presente? ¿O es que no tienes que oponer una resistencia colosal para no dejarte distraer por las redes sociales en un momento en que necesitas concentración?

Lo que estás haciendo es trabajar. Estás trabajando para poder girar con facilidad el foco, que está oxidado, que tiene incrustada la inercia de años de rumiación y preocupación. El trabajo consiste en elegir deliberada y expresamente qué energía quieres que mueva tu vida de ahora en adelante. Puedes elegir alimentar tu mente con pensamientos rancios o con percepciones nuevas. Piensa en lo que una nueva dieta de atención podría significar. ¿Cuánto podrías ganar utilizando el poder de vivir con atención?

Consciencia de la consciencia (o metaconsciencia)

Hay otro nivel de atención: tener conciencia de la consciencia o ser consciente de que eres consciente. Imagina que tu mente es como una muñeca rusa, una *matrioshka*, con muñecas de consciencia unas dentro de otras. En el capítulo tres presentábamos una práctica relacionada con esto, que era observar el proceso de pensar, darte cuenta de que estás pensando, en lugar de creerte automáticamente los pensamientos; algo similar a reconocer que estás rodeada de moléculas de aire, y no de espacio vacío.

Detectar cuándo la atención se ha desviado o se ha dejado succionar por una espiral de preocupación es, por definición, muy difícil, ya que en esos momentos no eres consciente de que no estás siendo consciente. En esos momentos, para darte cuenta de que tu consciencia se ha desviado, necesitas recuperar la metaconsciencia. No siempre podemos ser conscientes de estar siendo conscientes (o, al menos, quizá no merezca la pena el esfuerzo de serlo), luego lo que estás practicando aquí es la habilidad de reducir todo lo posible los momentos de rumiación, de preocupación y de automatismo, es decir, los momentos en que te quedas tan atrapada en tus pensamientos y sentimientos que te desconectas por completo del aquí y ahora y ni siquiera te das cuenta.

Como seres humanos, es inevitable que nos distraigamos innumerables veces a lo largo de nuestra vida. Sin embargo, aferrarnos obsesivamente al foco puede acarrearnos también sus problemas; probablemente sea agotador a nivel emocional y cognitivo estar redirigiendo la atención a cada momento. Por otra parte, a veces es saludable dejar que la mente divague y se ponga en piloto automático. Pero queremos que seas tú quien decida cuándo hacerlo. Cuanta más práctica tengas en ser consciente de cuándo no estás siendo consciente, menos te costará darte cuenta de cuándo la atención vaga a sus anchas.

Una vez que seas capaz de entrar en el nivel de metaconsciencia con relativa soltura, lo siguiente es poner tu atención en el aquí y ahora (o donde tenga sentido para ti). Ser consciente de la consciencia significa que tienes la capacidad de ver cómo te vas hundiendo en un pozo sin fondo. Para salir de él, primero da mentalmente un paso atrás. Observa el pozo, los pensamientos y sentimientos que están presentes en ese momento: la ansiedad, el estrés, la preocupación, la soledad angustiosa, la vergüenza, la culpa. Mira a ver si puedes observar lo que los pensamientos y sentimientos están haciendo o cómo se mueven (en la sección «Reconocer sin rendirte», del capítulo tres, encontrarás indicaciones más detalladas).

El paso atrás que has dado mentalmente es como alejar una imagen con el zum. Una imagen puede resultar casi claustrofóbica mirada de cerca (basta con buscar imágenes microscópicas de la cara de una araña o del papel), pero cuando te distancias de ella, tienes más espacio para operar. Por ejemplo, si estás charlando con un amigo y tu mente empieza a repasar la lista de todo lo que te queda por hacer ese día, prueba a pararte mentalmente, dar un paso atrás y mirar el panorama general. Al principio, es posible que sigas viendo la espiral de la preocupación: los pensamientos que se mueven con nerviosismo adelante y atrás, describiendo con estudiada teatralidad todas las desgracias que están a punto de ocurrirte. Pero a medida que te sigues alejando, van entrando en tu campo de visión otros objetos: las palabras que dice tu amigo, el tema de la conversación que mantenéis en ese momento, tu amigo, vuestra amistad, las razones por las que lo aprecias. El foco está en tus manos. Toma las riendas y dirígelo con deliberación.

Qué es *mindfulness* o consciencia plena

Atender forma parte del mindfulness, que tiene múltiples definiciones en la cultura popular. Por ejemplo, los términos *mindfulness* y *meditación* se utilizan a veces como sinónimos, por lo que mucha gente cree que son lo mismo. También hay quienes lo asocian con la relajante voz del instructor de yoga que reverencia la luz que hay dentro de cada uno de nosotros o con pistas de meditación guiada sobre un fondo de sonidos ambientales. Sin duda, todo esto puede formar parte de la consciencia plena, pero el elemento esencial del mindfulness es en todos los casos la *intencionalidad*: elegir deliberadamente dónde enfocar la energía. Tal vez sería más acertado llamar a esto de lo que hablamos «estar plenamente atentos». Por tanto, el mind-fulness va más allá de sentarnos en el suelo y regular la respiración durante treinta minutos. El mindfulness es enfocar la atención en la lectura del texto que tenemos delante en lugar de distraernos con el sonido de los mensajes que nos llegan; es apreciar los instrumentos que acompañan a una canción en lugar de tratar la música como si fuera ruido blanco; es sentir el calor del sol mientras te reclinas sobre una manta de pícnic en lugar de agobiarte por estar sudando. Elegir deliberadamente prestar atención plena a esos estímulos es mindfulness.

Es posible que también oigas a veces la expresión *estar presente* en lugar de *estar plenamente atento*. La razón por la que se enfatiza el «presente» es que a la mayoría se nos da bastante mal estar en el presente. Se nos da muy bien rumiar el pasado («No tenía que haber hecho eso, ha sido una estupidez») y preocuparnos por el futuro («¿Y si nunca consigo nada de lo que quiero?»). Lo que más nos cuesta no es estar plenamente atentos, sino estar plenamente atentos al presente, y por eso la práctica de «estar presente» es la que más beneficios te reportará. Por ejemplo, si ya eres excelente nadando a crol y de espalda, practicar el estilo mariposa es lo que más te ayudará a mejorar como nadador (en lugar de intentar pasar de un nueve a un diez en los estilos que ya dominas). Sin embargo, eso no significa que descartarás para siempre los estilos crol y de espalda; significa simplemente que estás añadiendo una nueva flecha a tu carcaj, lo cual amplía las opciones entre las que podrás elegir a la hora de responder en cada situación. Otra razón para enfocar la atención en el momento presente es que la vida sucede solo aquí y ahora. Cada momento que tienes la mente en el pasado o en el futuro es un momento que te has perdido de vivir *ahora*.

Elegir el proceso en vez de los resultados

Desarrollar la capacidad de elegir el aquí y ahora *cuando te beneficia hacerlo* facilita dar prioridad al proceso, es decir, te ayuda a cambiar de enfoque y pasar del «¿He conseguido lo que quería?» a «¿Lo he hecho como quería?». Ya sabemos que a la sociedad no le importa demasiado cómo haces las cosas; le importa que las hagas. Pero por mucho que la sociedad te haya condicionado a definir el éxito atendiendo a los resultados, tú sigues pudiendo elegir qué te importa a ti en la vida. Está en tu mano redefinir el éxito atendiendo al proceso; y ser capaz de tomar las riendas de la atención y dirigirla hacia donde quieres te da la posibilidad de virar hacia él, pese al señuelo de los resultados.

Acuérdate de la última vez que intentaste conseguir un resultado concreto: una evaluación positiva de una presentación, la aprobación de tus compañeros, tener la casa impecable, hacer un bizcocho muy esponjoso o haber acertado al comprar un mueble. Imagina que, en lugar de tener la mirada puesta en el «premio», hubieras elegido el aquí y ahora y hubieras estado atenta a tus valores en ese momento. Por ejemplo, que en vez de preocuparte por lo que tu jefe y tus compañeros de trabajo estarían pensando de ti cada vez que hablabas durante la reunión, hubieras conectado con tus valores de «aprender» y «colaborar» mientras exponías tu perspectiva. Que en vez de pasarte la cena preguntándote si tu acompañante querría tener una segunda cita contigo, hubieras conectado con tu valor de «estar abierta a conocer gente nueva» y hubieras dejado que la curiosidad guiara tu comportamiento. Esto es elegir el proceso en lugar del resultado. Examina el papel que han tenido en tu vida el uno y el otro. Escribe en tu cuaderno, en dos columnas distintas, dos o tres ejemplos de situaciones de cada caso. Compáralas. ¿Qué lado te dio mayor satisfacción?

Durante la lectura de este capítulo, es posible que hayas notado cierta resistencia a nuestra recomendación de orientarte hacia el proceso. Era de esperar. Pensar en desentenderte de los resultados provoca desconcierto. Puede que a estas alturas la mente esté gritándote todo tipo de cosas. Puede que te preocupe la posibilidad de perder la motivación para brillar en tu trabajo o de que aquellos que siguen dando prioridad a los resultados te dejen atrás. Puede que se hayan activado en tu mente las reglas y las etiquetas que hasta ahora te definían: «*Debería* intentar ser siempre la mejor», «Siempre me ha dado buenos resultados poner la vista en mis objetivos». Estupendo. Date cuenta de todo eso, porque esta es la espiral. Da un paso atrás y mira los pensamientos que giran en espiral, aumentando de volumen a cada vuelta. Ahora mira fuera de la espiral. ¿Qué más está ocurriendo en el escenario de tu mente? ¿Qué dicen tus valores?

Nos importa el proceso porque elegirlo nos libera de la necesidad, supuestamente ineludible, de controlar resultados que están fuera de nuestro control. No puedes hacer feliz a la gente, pero puedes tratarla con amor y empatía. No puedes obligar a tus hijos a portarse bien, menos aún en espacios públicos, pero puedes tratarlos con paciencia. No puedes garantizar que no te estresarás durante las vacaciones, pero cuando las cosas se tuerzan puedes tomártelo con humor. Quítate de encima el peso de ser responsable de los resultados. En definitiva, ¿qué quieres que diga tu epitafio, que fundaste una empresa, ganaste millones de dólares, obtuviste dos doctorados y viajaste a cuarenta y tres países o que fuiste amable, generosa, comprensiva y valiente?

* * *

Poner la mirada en el resultado de tus esfuerzos en lugar de en el proceso de trabajar para alcanzar un objetivo puede, por un lado, crearte la sensación de que estás constantemente persiguiendo algo y, por otro, hacer que tu atención esté siempre atrincherada en el pasado o en el futuro, lo que significa que el presente no está en tu horizonte, cuando el presente es el único espacio en el que ocurre la vida. Además, dado que la atención es finita, dedicar tu atención a la ansiedad, el estrés y la preocupación significa probablemente no estar dedicándosela a aquello que es más merecedor de tu atención, como las personas y actividades que amas.

Aunque no puedes controlar que los pensamientos y sentimientos aparezcan e intenten captar tu atención, ni qué te dirá cada uno, sí puedes controlar cuánta atención les prestas. Este es el propósito de la atención plena, que consiste esencialmente en decidir a qué dedicas tu atención. Una forma de practicar la atención plena es dirigirla deliberadamente, como si fuera un foco en un escenario. Haz balance de los actores que hay en escena y elige cuáles merecen tu atención, teniendo presentes tus objetivos y valores. Si notas que el foco se queda clavado en alguno de ellos (como cuando empiezas a caer en una espiral de preocupación), usa el zum para alejar la imagen y enfoca el escenario entero. Luego elige (de nuevo) a quién quieres dedicarle tu atención. Practicar la atención plena es volver al escenario y a los actores una y otra vez.

Algo que sin duda *merece* tu atención eres tú, o, más concretamente, tu salud y bienestar. En el siguiente capítulo te vamos a contar por qué creemos que cuidarte y ser amable contigo es importante, aunque el perfeccionismo esté en total desacuerdo.

Capítulo 8
Sé amable contigo

¿Qué te viene a la mente cuando oyes la expresión *ser compasivo con uno mismo*? ¿Un desayuno bajo las mimosas? ¿Un baño de burbujas y jabones perfumados? ¿Tiempo para sentarte a comer algo en un día de mucho ajetreo? ¿Una excursión con la mochila a la espalda por el desierto de Moab? Como muchas otras expresiones y conceptos utilizados en psicología, *la compasión por uno mismo* ha llegado a adoptar tantos significados que en la actualidad es prácticamente como un marco vacío. ¿Ser compasiva contigo misma consiste en gastarte quinientos dólares en un paquete de tratamientos de *spa* o en decirte cada mañana delante del espejo lo bella que eres? La compasión por nosotros mismos se ha vendido tan mal que no es de extrañar que seamos tantos los que no queremos saber nada de ella.

Puede que seas una de esas personas que dicen: «No tengo tiempo de sentarme diez minutos a "respirar".

Puedo respirar mientras hago otras cosas». Conviene dejar claro que nosotros también rechazamos la *compasión por uno mismo* entendida como un lujo extravagante o un producto tangible. Por el contrario, entendemos que la compasión hacia ti misma es el *acto* de ser amable y generosa contigo; es tratarte como te trataría cualquier persona razonable o como tratarías tú a alguien que merece que se lo trate bien. Dadas las múltiples connotaciones de la expresión *ser compasivo con uno mismo*, vamos a utilizar en su lugar *ser amable con uno mismo*, para evitar un posible e innecesario tira y afloja con tu mente.

¿Qué significa tratarte bien?

Tratarnos bien comprende una categoría de conductas dirigidas a preservar, proteger o mejorar nuestro bienestar. No es autocomplacencia, como expresó con mucha claridad Audre Lorde en su colección de ensayos *A Burst of Light* [Un estallido de luz]: «Cuidarme no es autocomplacencia, es autoconservación, y eso es un acto de guerra política». Tratarnos bien no es gratuito ni opcional. Al nivel más elemental, consiste en mantener el cuerpo sano con el descanso necesario, una dieta saludable y ejercicio; el cerebro despierto por medio de estímulos que aviven la curiosidad y el corazón palpitante por medio de conexiones sociales y tratándonos a nosotros mismos con respeto. De esto depende tu calidad de vida.

Dado que es la función o el propósito de una acción lo que determina que estás «tratándote bien» (y ese propósito podría ser el perfeccionismo), cualquier cosa puede ser un acto de amabilidad contigo si se traduce en tratarte con amor. Podría ser desde tener un gran gesto contigo, como comprarte un portátil nuevo, hasta detalles que a menudo pasan desapercibidos, como decir que no a algo a lo que sientes la tentación de decir que sí. Para algunas personas, hacer un alto en el trabajo y ver un episodio de *Broadchurch* será un acto de amabilidad consigo mismas, mientras que para otras lo será no empezar a ver otro episodio a medianoche si tienen una reunión de trabajo a las ocho de la mañana. Lo que determina si estás tratándote bien no es la acción en sí misma sino *por qué* la llevas a cabo. ¿Es para rehuir el malestar o para mejorar tu calidad de vida?

En el caso de los perfeccionistas, ser amables consigo mismos consiste simplemente en darse permiso para cometer errores, para ser humanos. Si llevas horas angustiado porque no sabes cómo empezar un correo electrónico para tu jefe, ser amable contigo es elegir cualquier opción y enviar el correo. Al hacerlo, básicamente estás diciéndote que no pasa nada porque te hayas dirigido a él con un saludo que tal vez no sea el más correcto, que eres una persona competente, al margen de cómo reciba él tu correo. Tomando un poco de perspectiva, verás que no darte permiso para enviar ese correo electrónico es como obligar a alguien a que esté sentado frente a la pantalla del ordenador durante horas explorando todas las posibles reacciones del receptor a cada permutación de saludo, hasta que sepa exactamente cuáles son las palabras correctas. (Y ni siquiera entonces lo sabrá). Si estás poniendo objeciones a la lógica del símil, pregúntate: «¿Qué sentiría yo si viera a un amigo agobiarse hasta tal punto por complacer a su jefe?».

La auténtica amabilidad hacia nosotros mismos es la que está incorporada en la vida cotidiana. Mucha gente tiene la impresión de que puede compensar un ritmo de vida extenuante si, de tanto en tanto, se cuida «en serio», el equivalente a hacer una depuración a base de zumos para restablecer el organismo. Así que se van al extremo ostentoso del espectro y ponen tan alto el listón de lo que significa cuidarse que lo único que consiguen es ser ahora mucho más propensos a no hacerlo. Es como si decides ponerte en forma y estableces un mínimo de trescientas flexiones por sesión; lo más probable es que te las arregles como sea para huir de hacer ejercicio.

La realidad es que son más efectivos los «pequeños» actos, precisamente porque podemos hacerlos con facilidad y, por tanto, con frecuencia. Lo verás más claro con esta analogía. Imagina que tratarte bien es como cualquier otro hábito de vida saludable; por ejemplo, la higiene dental. ¿Se te ocurriría decir que a ti no te hace falta cepillarte los dientes a diario para tener la boca sana porque una vez al año vas a que te hagan una limpieza a fondo? ¿Y durante todo el tiempo intermedio? Los gérmenes, la placa y las bacterias se van acumulando, y dejarlos actuar sin prestarles ninguna atención aumenta el riesgo de que sufras infecciones y enfermedades. La realidad es que no esperas a que te salgan caries para empezar a cepillarte los dientes con regularidad, así que ¿por qué ibas a esperar a tener una crisis para comenzar a cuidar de tu salud mental y emocional? De hecho, la *ausencia* de caries te dice que cepillarte con regularidad funciona, e igualmente, en el caso del cuidado mental y emocional, la mejor manera de ponerlo en práctica es haciendo de ello un hábito. Compensar puntualmente una noche en la que te has acostado de madrugada es mucho más fácil que compensar varias noches seguidas sin dormir; por mucho que un día te quedes en la cama hasta el mediodía, es absurdo imaginar que te levantarás como nuevo si vives con falta de sueño continuamente. Y en un sentido más general, es igual de absurdo esperar que inyectarte de tanto en tanto una dosis de amabilidad hará el colosal trabajo de neutralizar la frustración y acallar la autocrítica implacable.

Por seguir con la analogía anterior: tampoco te lavas los dientes solo cuando te apetece o cuando tienes tiempo. Entiendes la necesidad de hacerlo, así que lo haces. Sin embargo, es probable que tratarte bien te parezca superfluo, un lujo que no te puedes permitir y que no es tan necesario. Así que lo colocas al final de la lista y das prioridad a todo lo demás, y luego te preguntas por qué te quedas dormido en las reuniones, y cometes errores en el trabajo por falta de atención, y te olvidas de responder a los mensajes de texto y desconectas de lo que se está diciendo en mitad de una conversación importante. Eso es un problema.

Para que eso no ocurra, puedes considerar que tratarte bien es, como cepillarte los dientes, una *elección* y empezar a ser amable contigo independientemente de cómo te sientas, de lo motivado que estés o del tiempo que tengas: haz que tratarte bien sea incondicional. Puede que en el momento hasta te parezca un fastidio hacerlo, como quizá te parezca un fastidio cepillarte los dientes después de una noche de fiesta teniendo que hacer un esfuerzo para que no se te cierren los ojos. Pero es que no te lavas los dientes porque disfrutas haciéndolo. Lo haces *por tu bien*. Por otra parte, puedes elegir no lavarte los dientes por multitud de razones. Tal vez el cansancio supera en ese momento la necesidad de limpieza. Es otra posibilidad. Si es así, estupendo. Lo que importa es que seas tú quien elige contando con toda la información relevante.

Impedimentos para tratarte bien

Aunque hemos comparado la amabilidad hacia ti con la higiene dental, y en un sentido es igual de sencillo, también es mucho más complejo. Es sencillo en el sentido de que, a grandes rasgos, sabes qué acciones son saludables y cómo llevarlas a cabo. Por ejemplo, probablemente sabes que es recomendable no utilizar dispositivos que emitan luz azul cuando se acerca la hora de acostarte, llevar una dieta equilibrada, hacer ejercicio con regularidad y tener amigos. E incluso aunque no supieras nada de esto, sabrás, como mínimo, que es perjudicial para tu bienestar discutir con tu pareja porque no ha guardado los platos ateniéndose a tu sistema de aprovechamiento máximo del espacio, reproducir en la cabeza las conversaciones que has tenido con tus amigos y analizarlas en busca de posibles ofensas y no dormir lo suficiente por cumplir los plazos de entrega de los trabajos.

Sin embargo, cuidarte es mucho más que hacer lo obvio. Si no fuera así, seríamos todos expertos en cuidarnos. Cuidarte es más complejo en el sentido de que se basa en todas las habilidades que hemos descrito: necesitas separarte del ruido y el estrés y conectar con tu corazón.

Un gran obstáculo para tratarte con amor es creer que no lo mereces. Te dejas convencer por esa voz tramposa que te dice que tratarte bien es un capricho y que para poder darte un capricho tienes que habértelo *ganado*. Imagínate que tuvieras que hacer algo notable para ganarte el derecho a cepillarte los dientes. Por poco que sepas sobre el perfeccionismo, sabes que nada que hagas será jamás suficiente —y, en el fondo, que nunca *serás* suficiente— para merecer el privilegio de tratarte con amabilidad. «Por el momento, olvídate, ni un descanso hasta que lo tengas todo hecho. Ni una gota de amor para la "fracasada". Ni un solo elogio, cuando eres "fundamentalmente defectuosa"». Tratarte con amor es el antídoto contra la autocrítica, pero la autocrítica te impide darte y recibir amor. Por lo tanto, para poder tratarte bien, hay varios requisitos: observar la corriente de pensamientos autocríticos sin dejarte arrastrar por ellos (consulta el capítulo tres), dar cabida al malestar de sentirte indigna (consulta el capítulo cuatro) y separar el yo de las etiquetas dañinas (consulta el capítulo cinco).

También es posible que tengas miedo de ser amable contigo por lo que eso podría desencadenar. Parece una contradicción, pero uno de los motivos por los que algo dentro de ti se resiste a que te trates con amor es el miedo a que desaparezca el peso que hasta ahora has utilizado para vivir hundida e inmovilizada; es casi como si temieras las consecuencias de poder hacer lo que quieras. ¿Qué crees que pasaría si aceptaras los elogios y renunciaras al relato de «no es suficiente»? Quizá la mente razona que sería tu ruina. Que te iría todavía peor de lo que te va. Que conseguirías aún menos que ahora y lo pospondrías todo porque eres una «vaga» y una «inepta». Como decíamos en el capítulo cinco, incluso aunque ese fuera el caso, sigue habiendo numerosas razones para no utilizar la autocrítica como motivación. Por un lado, crea un tremendo sufrimiento innecesario. Por otro, a la larga los latigazos son contraproducentes. Nos convertimos en personas resentidas, nos vamos consumiendo, y todo lo que la autocrítica había pronosticado se hace realidad.

Una parte más profunda de la aversión a tratarnos con amor puede ser el miedo a creer de verdad que somos competentes y a relacionarnos con el mundo sintiendo que lo somos. Es precisamente la posibilidad de gustarte —o incluso de llegar a quererte— tal como eres lo que intentas evitar a toda costa. Como escribió Marianne Williamson en su libro *Volver al amor*: «Es nuestra luz, no nuestra oscuridad, lo que más nos asusta».

¿Y si resulta que es tu potencial lo que te aterra? ¿Y si resulta que por eso no expresas tu punto de vista y no valoras tus experiencias y te encoges para que no se te vea demasiado? Si alguna vez te has quedado en silencio porque las palabras que hubieras querido compartir no cumplían ciertos criterios (no te parecían divertidas, ni ingeniosas, ni interesantes, ni originales), has hecho exactamente eso: te has dejado aprisionar entre los muros de la autocrítica. Mientras otros cuentan libremente trivialidades de su jornada, tú examinas con detalle lo que podrías contar para ver si vale la pena decirlo. Pones límites a lo que te está permitido intentar o conseguir. Mientras otros se entregan de lleno a su pasión por la música a pesar de no haber recibido nunca una educación musical formal, tú te ciñes a lo que ya sabes hacer, aunque eso te recluya en una existencia triste. Ante cada posibilidad que se presenta, te lo piensas dos, tres veces antes de dar el paso. Vives con las alas apretadas contra el cuerpo admirando con envidia a quienes las han desplegado y vuelan por la inmensidad del cielo.

Esta es la extraña paradoja de la amabilidad hacia uno mismo: tienes miedo de ser amable contigo porque podrías descubrir que lo mereces. Así que dedica un poco de tiempo a considerar esto: ¿tienes miedo de ser un rotundo fracaso o tienes miedo de ser la expresión más plena posible de ti? Anota en tu cuaderno cualquier pensamiento o reacción que te provoque esta pregunta.

Los beneficios de ser amable contigo

Nos estamos adelantando al dar por sentado que es evidente la bondad de tratarse a uno mismo con amor, cuando no lo es; así que vamos a contarte cuáles nos parece a nosotros que son los beneficios de que seas amable contigo. No estamos intentando convencerte de nada; te presentamos lo que sabemos para que estés bien informada a la hora de tomar decisiones. Esperamos que cualquier decisión que tomes esté basada en lo que más sentido tiene para ti y tus valores, no en las razones que nosotros exponemos (en serio, no tienen autoridad de ninguna clase), porque a la hora de la verdad, las razones se desmoronan mientras que los valores se mantienen en pie.

Ahorras tiempo y energía. La razón más obvia para ser amable contigo es el ahorro de energía. La autocrítica no es lo único que alimentas con tu tiempo y tu dedicación, sino que luego inviertes más tiempo y esfuerzo en luchar contra ella para no hundirte en una rutina depresiva. Es una pérdida por partida doble. Entras a cada momento en una espiral de dudas que te deja sin fuerzas casi ni para respirar. Primero gastas tu energía en avivar las llamas («Creo que este no es mi sitio y que todos fingen que les caigo bien pero no me soportan») y luego vuelves a gastar energía en intentar apagar el fuego («Pero si no les cayera bien, ¿por qué me iban a haber contratado?»).

Por el contrario, ser amable contigo en ese momento significa apartarte del fuego y sentarte tranquilamente en tu silla de *camping* a ver crepitar las llamas y saltar las chispas. Deja que el fuego arda sin sentirte en la obligación de atenderlo y dirige tu atención al bosque o a cualquier otra cosa a la que sientas que vale la pena dedicarle tu energía. Y lo que es más, la amabilidad que te das y que recibes de ti te anima a escuchar el relato que la mente está acostumbrada a contarte («...porque no valgo para nada/soy un desastre/un fracaso») e incluso a hacerle un pequeño guiño a ese viejo relato y dejarlo estar. Nada que añadir, nada que discutir, nada que oponer. Deja que sea un relato nacido de las circunstancias, y nada más.

Eres más productivo. La segunda razón para incorporar la amabilidad a tu vida es que aumenta la productividad al reducir la evitación. Si más de una vez te has quedado bloqueado en una situación por miedo a parecer incompetente o a no estar haciendo lo correcto, la amabilidad es la autorización a avanzar. Te dice: «¿Y qué?». Te empuja a actuar en medio de la incertidumbre y te da libertad absoluta para equivocarte.

La próxima vez que te encuentres en el pasillo del supermercado delante de la sección de huevos deliberando sobre si comprar huevos ecológicos, camperos, camperos de gallinas alimentadas con maíz o de gallinas criadas en el suelo, trátate bien y date autorización para ser un simple ser humano que a veces se equivoca. En lugar de dedicar diez minutos a sopesar los pros y los contras de cada variedad, los efectos de la avicultura intensiva, el medioambiente, el bienestar de los animales y tu presupuesto, decídete por cualquier cartón de huevos y confía en que eres lo bastante fuerte como para sobreponerte a cualquier posible remordimiento o autocrítica culpabilizadora (estos son los actores que no podemos elegir) que surja de haber hecho esa elección. Ser amable contigo mismo despoja a esos pensamientos y sentimientos del poder de retenerte en el supermercado durante horas.

Este principio es aplicable a buscar una ruta en un mapa, a decidir qué plato preparar para la fiesta y a idear un sistema para organizar el armario. Actúa de todos modos, aun no sabiendo cuál es la respuesta correcta. Es mucho más probable que seas productivo dejando pasar los errores y siguiendo adelante que dedicándote a rumiar tus defectos y dejando que te paralice la indecisión.

Tendrás una conexión más auténtica con los demás. La tercera razón para ser amable contigo es que serás más capaz de conectar con los demás. Es difícil estar con alguien que se denigra constantemente. Al igual que es agotador para ti defenderte de la autocrítica que te asalta desde todas las direcciones, oírte es agotador para los demás, que se sienten presionados a hacerte comentarios alentadores incluso aunque tú no los pidas o que te han escuchado ya muchas veces el mismo discurso autoculpabilizador. Cuando te aceptas por completo, no solo consigues conectar contigo tal como eres, sino que también permites que los demás conecten contigo tal como eres. Les das la oportunidad de verte de verdad, que es lo que la mayoría anhelamos, en definitiva. Todos queremos que nos vean por quienes somos. Y cuando simplemente eres, las personas que te importan pueden disfrutar de tu presencia y apreciarte en tu totalidad.

A la vez, nos cuesta mostrar todo lo que somos. Muy pocos estamos dispuestos a abrirnos plenamente a los demás. Se nos ha condicionado a mostrar nuestro lado fuerte, los momentos en que estamos felices, sanos y activos, y a ocultar o arreglar de alguna forma lo que ha acabado siendo para nosotros sinónimo de debilidad: la tristeza, el miedo, la falta de motivación, la desesperanza. Recuerda todas las veces que alguien te ha dicho: «Sonríe», «Mantén la cabeza alta», «No te preocupes», «No te estreses» o «Sé positivo». Ese es tu condicionamiento. Así que cuando te sientes hundido y agobiado, en lugar de salir a la calle, te refugias en tu burbuja para que nadie te vea ser débil, para no ser una carga y para poder «arreglarte». Es la autocrítica la que te dice que debes cumplir ciertos requisitos para que te esté permitido interactuar con el mundo. Y tú obedeces su directriz y te privas, justo en el momento en que más te ayudaría, de una de tus necesidades y capacidades más básicas: la conexión.

Ser amable contigo elimina estas estipulaciones. La amabilidad te dice que puedes participar en las relaciones aunque estés sufriendo y que puedes estar con la gente aunque tu mente diga que estás siendo «una carga». El aislamiento autoimpuesto es una crueldad. De hecho, el aislamiento es literalmente un método de tortura. Tú no permitirías que tus hijos, tus amigos, tus compañeros de trabajo o tu pareja te hablaran solo cuando se sienten bien consigo mismos, así que ¿por qué cumples tú esta regla?

Hay además cierta ironía en querer conectar mostrando tu lado «fuerte». Piénsalo. En general, ¿te sientes más conectado con los demás cuando todo les va sobre ruedas y se sienten invencibles, o cuando los ves lidiando como pueden con las tareas mundanas? Ser mejor, más inteligente, más ágil, más elegante, más fuerte... crea, por definición, un abismo entre las personas. El propio «más» traza la línea de separación al establecer una comparación. Si una persona es más divertida que otra, no pueden estar las dos al mismo nivel. Sin embargo, el perfeccionismo sigue pidiéndote que seas «más». En ese caso, lo que el perfeccionismo realmente quiere es que se cree una distancia cada vez mayor entre los demás y tú.

La amabilidad quiere para ti todo lo contrario. Te pide que aceptes todas las partes de ti, incluidas, o especialmente, las que no te gustan, y que les des a los demás la oportunidad de hacer lo mismo. Recuerda la última vez que dejaste que alguien viera eso a lo que llamas «tus defectos»: que le hablaste de los esfuerzos que haces por ponerte a la altura del resto de los padres que conoces o de que llevabas todo el día enfadado por una bobada. ¿Cómo fue mostrarte tal cual eres, y no como crees que deberías ser? El caso es que la vulnerabilidad no nos hace débiles, nos hace humanos. Nos da la fuerza para ser quienes somos y abrir nuestra burbuja al mundo.

¿Cómo de amable eres contigo?

Antes de hablar de cómo practicar la amabilidad contigo mismo, evalúa cómo de amable eres contigo en este momento. Comprender tus comportamientos y necesidades actuales te ayudará a determinar qué significa concretamente en tu caso tratarte bien. Por ejemplo, si te cuesta celebrar tus logros, ser amable contigo se traduciría de entrada en empezar a reconocer y apreciar tus talentos. En cambio, si lo que te cuesta es integrarte en cualquier clase de grupo, ser amable contigo podría significar expresarte aunque tu mente quiera disuadirte diciéndote que no tienes nada que aportar.

¿Cómo te tratas en la actualidad? ¿Qué te dices cuando...

- ... estás pasando por un mal momento?
- ... cometes fallos por no prestar atención?

- ... expresas una opinión que pone de manifiesto tu ignorancia?
- ... cumples tus objetivos?
- ... tus compañeros te felicitan?

Repasa las frases que te dices en estas situaciones y anótalas en tu cuaderno: «¡Qué pesado, supéralo de una vez!», «¿Por qué eres tan idiota?», «Siempre lo estropeas todo», «A nadie le caes bien», «Todos piensan que eres insoportable», «¿Qué pintas tú aquí?», «Te dicen cosas agradables porque les das pena». Cambia de perspectiva e imagínate diciéndole todo eso a cualquiera que no seas tú. ¿Crees que alguno de esos comentarios lo va a ayudar?

Contempla también lo que te permites y lo que te niegas. ¿Te das permiso para sentirte cansado después de acostarte de madrugada como norma, para sentirte frustrado cuando las cosas no salen como querías, para tener pensamientos poco caritativos sobre tus amigos más cercanos, para olvidarte de un aniversario, para malinterpretar de vez en cuando las intenciones de tu pareja? ¿O tienes remordimientos, te avergüenzas, te culpabilizas y te castigas cada vez que no estás satisfecho con cómo eres? En tu cuaderno, escribe dos o tres normas y expectativas que tengas en este sentido.

Si te castigas, piensa en cómo lo haces y evalúa cómo de comprensivo eres. ¿Te saltas el postre? ¿Haces el doble de ejercicio ese día? ¿Resuelves tus problemas sin pedir ayuda? ¿No te crees que tu pareja no esté resentida contigo? ¿Te deshaces en disculpas hasta quedarte sin saliva? ¿Te pasas todo el fin de semana en casa trabajando? Quizá te encierras en la cárcel de tu mente y te dedicas a repasar febrilmente todas las razones por las que eres patético, a evocar otros episodios dolorosos que al parecer demuestran lo inútil e insignificante que eres y a acordarte de todas las personas a las que has defraudado.

Incluso aunque tu reacción no vaya dirigida enteramente contra ti, ten en cuenta que arremeter contra los que están a tu alrededor es también una forma de autocastigo, porque lo que haces es erosionar activamente las relaciones que aprecias y desmantelar la red social de la que depende en buena medida tu bienestar. Imagina que alguien te dijera que le grites a tu pareja por haber doblado mal la ropa o que le hagas comentarios pasivo-agresivos a tu compañero de trabajo por haber desorganizado tu sistema de clasificación de archivos. ¿No te parecería desproporcionado y cruel? Describe en tu cuaderno dos o tres formas en que suelas castigarte por infringir las normas o no cumplir las expectativas.

Practica la amabilidad hacia ti

Ahora que sabes a grandes rasgos lo relevante (o irrelevante) que es en tu vida ser amable contigo, vamos a ver cómo practicarlo. En la mayoría de los casos, los actos de amabilidad hacia ti dependerán de tu capacidad para cambiar de perspectiva y, antes de eso, de tu capacidad para darte cuenta de lo mal que te tratas; es decir, de que sabes ser amable con los demás pero no eres amable contigo.

Con esto en mente, vamos a guiarte a través de un ejercicio de cambio de perspectiva (también disponible en formato de audio con el título «*Practicing Self-Kindness*» en http://www.newharbinger.com/48459). Trata de hacer que sea lo más envolvente posible añadiendo detalles, estando presente con los cinco sentidos y manteniendo la atención enfocada en el ejercicio. Puede que incluso aparezca un pensamiento que dice: «No tengo tiempo de hacer este ejercicio. Me había dado solo quince minutos para leer el capítulo entero». ¿Qué crees que te vamos a pedir que hagas con ese pensamiento? Abstente de discutir con él o de prestarle atención. Tómalo como una invitación a demostrarte un poco de amabilidad.

Empieza por pensar en alguien a quien quieres incondicionalmente. Nada que esa persona pueda llegar a hacer te hará quererla menos, ni siquiera que no vaya a tu fiesta de cumpleaños, que cancele en el último momento los planes que teníais o que pronuncie siempre mal el nombre de tu hijo: la seguirás queriendo igual (aunque seguramente en el momento te habrás enfadado con ella).

¿Qué ocurre en ti cuando visualizas a esa persona? Cierra los ojos. Observa qué cambios se producen en tu cuerpo.

...

...

...

¿De repente el corazón te late más rápido? ¿Notas una especie de aleteo o una ligereza en el pecho? ¿Se te ha puesto la piel de gallina? Solemos tener una determinada reacción fisiológica ante la gente a la que amamos. Experimenta lo que es elegir el amor en este momento. Date tiempo para sumergirte en él y deja que su resplandor te envuelva. Observa cómo tu amor le llega a esa persona y déjala empaparse de su calidez.

...

...

...

Ahora sustituye a esa persona por ti. Imagínate que eres tú quien recibe esa energía amorosa. Haz lo posible por mantener el foco de la atención puesto en ti y redirígelo si te distraes. ¿Qué sensación te produce mirarte a través de esta lente? ¿Puedes permitirte recibir el amor que das? Escribe tus observaciones y reacciones en el cuaderno.

Mirarte de esta manera te puede dar una valiosa orientación sobre cómo poner en práctica la amabilidad hacia ti. Si mirándote con amor te vieras sufrir, ¿qué harías? Piensa en cómo tratarías a esa persona a la que quieres incondicionalmente. Si creyera que no merece que nadie la quiera, ¿le darías la razón y le exigirías que demostrara que es digna de tu amor? Si estuviera agobiada por el estrés y la ansiedad, ¿le dirías que se dejara de tonterías y se esforzara más? Si le preocupara lo que la gente piensa de ella, ¿le aconsejarías que actuara como si fuera una persona distinta para resultar más simpática? Suponemos que no.

Lo más probable es que le dieras un abrazo y le hicieras entender que ni sus preocupaciones, ni sus inseguridades, ni nada de lo que ella se cuenta sobre sí misma afectan a lo mucho que la quieres. Si te preguntara por qué la quieres a pesar de todos sus defectos, la pregunta te parecería ridícula. Intuitivamente, sabes que la quieres porque eliges quererla y porque la quieres. No necesitas justificar tu amor, lo mismo que no necesitas justificar tus valores. De hecho, amar *es* un valor. Tienes el poder de hacerlo, es mucho más que un objetivo, y hace brillar tu vida de maneras inimaginables. En otras palabras, el hecho de que ames a esa persona es una *elección* valiosa para ti; amar y ser amable están bajo tu control.

Lo que intentamos decirte es que *ya* sabes cómo practicar la amabilidad hacia ti porque sabes cómo ser amable con los demás. Se trata simplemente de que hagas lo mismo por ti y te des cuenta de todo lo que engloba tratarte con amor. Estas son algunas maneras en que puedes ponerlo en práctica:

- Pide ayuda.
- Permítete ser vulnerable con las personas en las que confías.

- Da cabida a los pensamientos y sentimientos difíciles.
- Encuentra una nueva afición o vuelve a practicar una antigua.
- Duerme lo suficiente.
- Vete a psicoterapia.
- Deja cualquier actividad que no te aporte nada o no coincida con tus valores.
- Pon límites y mantenlos (por ejemplo, decir que no cuando te pide un favor un desconocido).
- Expresa explícitamente tus necesidades.
- Rodéate de personas que te quieran y te respeten.
- Tómate tiempo para comer y saborear las comidas.

A la vez, saber qué hacer para cuidarte no elimina automáticamente las barreras emocionales. Aquí es donde entra adoptar una perspectiva de amor incondicional hacia ti. ¿Cómo se hace eso, cómo empiezas a tratarte como a alguien que merece que se lo quiera?

Si te cuesta mirarte con amabilidad y comprensión, *finge*. Solo puedes empezar desde donde estás, y si es ahí donde estás, empieza por ahí. Actúa como si te importaras y fueran valiosos para ti tu bienestar y tu satisfacción. Recuerda que quererte y ser amable contigo son valores, lo que significa que puedes *elegir* tratarte bien tanto si crees que lo mereces como si no, te haga sentirte bien o no y puedas o no puedas justificarlo. Esperamos que el fingimiento se convierta en afecto genuino, porque creemos que, como lo más natural, te inclinarás por una versión de tu vida inundada de amor a ti, y no por una en la que ese amor no existe. Puedes comprobarlo tú misma fingiendo que te quieres. Dale una oportunidad al amor y comprueba si te gustan los resultados.

Admitimos que no somos imparciales en esto. Si pudiéramos elegir por ti, querríamos que ser amable contigo fuera tu valor principal, pero no podemos. Somos parciales porque hemos visto a personas florecer cuando han empezado a tratarse con amabilidad y a interactuar con partes de la vida de las que antes se habían excluido. Hemos visto a personas no encontrar palabras para expresar lo diferentes que son sus vidas desde que han empezado a tratarse con amabilidad. El poder transformador del amor a uno mismo es extraordinario. Cuando te das amor y lo recibes, aceptas el amor de los demás y conectas con ellos. Cuando reconoces que la autocrítica implacable, la vergüenza y la culpa son resultado de la historia de tu vida, y no un reflejo de la realidad, te liberas de las garras del perfeccionismo. Al hacerlo, recuperas la capacidad de aprovechar cada día y vivir descubriendo cómo quieres vivir. Así que, desde nuestra tendenciosa perspectiva, tratarse a uno mismo con amor es más que una opción, es un imperativo.

* * *

Si hablamos así es porque consideramos que tratarnos con amor es una necesidad, no un capricho. Por mucho que tu mente se empeñe en avergonzarte o en hacer que te sientas culpable para que antepongas a tu bienestar emocional y físico alguna actividad más «productiva», te animamos a que encuentres el tiempo, la energía y el espacio necesarios para cuidarte.

Tratarte bien no tiene por qué ser algo sofisticado; puede consistir en desayunar antes de salir de casa, en escuchar tu canción favorita o en acostarte a las diez de la noche. De hecho, sus beneficios son más notables cuando es una práctica constante que si es una acción esporádica. Entre esos beneficios están el ahorro de una energía muy valiosa que, de lo contrario, gastarías en preocuparte y darle vueltas a todo, una mayor productividad (probablemente en sentido distinto a como la entiende el perfeccionismo) y una conexión más genuina con aquellos que te rodean.

Para practicar la amabilidad hacia ti, mírate y trátate como lo harías con un ser querido. Fíjate en si aparece el impulso de justificarte por estar siendo amable contigo y dile adiós con la mano; la cuestión de si lo mereces no tiene cabida. Puedes valorar el hecho de ser amable contigo porque sí, igual que valoras estar al aire libre o ir de aventura.

Con todas las herramientas expuestas en esta parte del libro, en los dos capítulos siguientes vamos a contarte estrategias para traducir las habilidades en cambios de conducta reales.

Capítulo 9
Vive la vida que tú quieres

Un gran maestro Jedi dijo en una ocasión: «Hazlo o no lo hagas, pero no lo intentes». Hay elegancia en esta dicotomía tan simple: a la hora de la verdad, o actuamos o nos estancamos. Por ejemplo, *intentar* hacer la colada es sentarte en la cama y mirar la pila de ropa sucia que ocupa su rincón correspondiente de la habitación. *Hacer* la colada es meter la ropa en la lavadora, tenderla y, cuando esté seca, doblarla.

Seas consciente de ello o no, estás *siempre* disponiéndote a hacer o a no hacer (en esto se traduce intentar) con respecto a un determinado objetivo. Puedes seguir *intentando* aceptar que vas a cometer errores o puedes hacerlo. Puedes *intentar* orientarte hacia tus valores en lugar de hacia expectativas injustas y estándares impuestos desde fuera, o puedes hacerlo. Son caminos divergentes.

Así que este capítulo habla sobre pasar del dicho al hecho y poner en práctica las habilidades que hemos explicado hasta ahora. El trabajo consistirá en definir tus objetivos, que serán una serie de conductas específicas vinculadas a tus valores, y en idear estrategias que te ayuden a poner en marcha nuevos patrones de conducta.

Objetivos SMART

Si has hecho alguna terapia conductual o de gestión emocional, probablemente hayas oído hablar de los objetivos SMART.* O, dado que si estás leyendo este libro es porque pensaste que podía ser relevante para ti, quizá ya hayas empezado a ponerte objetivos SMART. Los objetivos SMART son fundamentales para cambiar de conducta; son un método para definir objetivos que aumenta las posibilidades de alcanzarlos. Es decir, la fórmula SMART te da ventaja antes incluso de haber alcanzado tus auténticos objetivos. SMART significa:

- e**S**pecífico.
- **M**edible.
- **A**lcanzable.
- **R**elevante.
- acotado en el **T**iempo.

He aquí cómo utilizar los criterios SMART para acabar con el perfeccionismo:

---

* N. de la T.: El adjetivo *smart* significa 'inteligente'.

Específico. *Específico* significa que el objetivo es concreto y lo suficientemente detallado como para que un observador pueda saber que estás trabajando en él. Si puedes visualizar con facilidad cómo es la acción basándote en la descripción del objetivo, vas por buen camino. Por ejemplo, «salir a correr» es específico (sabemos exactamente cómo es correr al aire libre), mientras que «hacer ejercicio» no lo es (lo mismo podría tratarse de yoga, de Ultimate Frisbee, pilates o tenis). Y «salir a correr al aire libre» puede especificarse todavía más en «salir a correr al parque Sugar House». Del mismo modo, «ser un jefe más dinámico y cercano» es muy vago. Un objetivo más específico sería «valorar el rendimiento de cada trabajador en reuniones semanales individuales y sugerirles cambios de comportamiento que podrían mejorarlo». Para que el objetivo sea aún más concreto, añade el día de la semana en que concertarás las reuniones.

Una trampa común en la que todos caemos es enmarcar los objetivos como un «no hacer» o «hacer menos»: «No procrastinar (o procrastinar menos)», «No llegar tarde», «No aceptar más trabajo del que puedo hacer». Se trata de objetivos que un muerto cumpliría mejor que tú con solo estar tumbado en el ataúd. Uno de los problemas de los objetivos que empiezan por «no» es que está poco claro qué quieres que cambie. Piensa en cuando alguien te dice que no le grites. Claro que lo puedes hacer, pero ¿qué quiere esa persona que hagas en vez de gritarle? ¿Salir de la habitación, contarle cómo te sientes en ese momento o pedirle lo mismo que antes pero con más delicadeza? Enmarcar el objetivo como una «acción activa» te hacer ver con claridad cuáles van a ser tus próximos pasos.

Por lo tanto, cuando pienses en el criterio *específico*, asegúrate de visualizar lo que necesitas hacer, no lo que necesitas dejar de hacer.

Medible. *Medible* significa que la conducta se puede cuantificar y tiene un punto final identificable, es decir, sabes cuándo has logrado el objetivo. La medición suele hacerse en términos de frecuencia, duración o un simple sí o no. La forma de medirla dependerá de lo que tenga más sentido para la situación en la que te encuentras y lo que quieres cambiar. Por ejemplo, si soy un corredor ultramaratoniano, mi objetivo podría ser «salir a correr *treinta kilómetros*», mientras que si la última vez que me puse las zapatillas de correr fue hace quince años, podría aspirar a «dar *una vuelta a la manzana*» (la cursiva muestra la parte medible del objetivo). Por otro lado, si la distancia me da igual y lo que quiero es estar al aire libre el tiempo necesario para sintetizar suficiente vitamina D, mi objetivo sería «salir a correr *quince minutos*». No hay ninguna regla sobre qué tipo de medición es mejor; todo depende del contexto de tus objetivos.

Una de las ventajas de cuantificar los objetivos es que te evita entrar en una posible discusión con la mente sobre lo que conlleva cada uno de ellos. Un objetivo específico y cuantificable no es ambiguo: se trata de un paseo de quince minutos, independientemente de que te sientas cansado, esté lloviendo o hicieras ejercicio el día anterior. Además, cuantificar los objetivos te ofrece una forma de medición objetiva para saber cuándo los has completado. De lo contrario, especialmente en el caso del perfeccionismo, es probable que te digas que aún no lo has cumplido del todo y que, hasta que alcances el listón imposible que estás cambiando de posición a cada momento, no mereces ningún reconocimiento.

Alcanzable. *Alcanzable* significa que son objetivos realistas. Saber con exactitud qué quiere decir esto puede no ser fácil para los perfeccionistas, que están habituados a tener expectativas muy altas sobre lo que pueden conseguir, más aún si a menudo cumplen esas expectativas. En estos casos, lo que la persona considera «realista» va siendo cada vez más irrealizable: si te han ascendido dos veces en los tres primeros años que has trabajado en una empresa, podría parecerte «realista» contar con que te ascenderán al menos una vez más en los años siguientes. Sin embargo, esta extrapolación no tiene en cuenta las horas de sueño perdidas por trabajar hasta la madrugada ni lo que sufrieron tus relaciones porque no tenías tiempo que dedicarles. Entonces, ¿es un objetivo realmente razonable? Establecer objetivos de esta manera es como esperar que Tim Duncan anote un triple en los últimos tres segundos de partido cada vez que juega. Que hayas hecho algo una vez, o incluso varias veces, no lo convierte en una expectativa realista.

Sobre todo la primera vez que redactes los objetivos SMART, te recomendamos que empieces por objetivos insultantemente fáciles, hasta el punto de que te abochorne ponerte el listón a esa altura. Contémplalo como si estuvieras tratando de mover una roca pesada. Comenzarías por empujarla centímetro a centímetro en la dirección que deseas; esta es la parte más difícil. Pero una vez que la pones en marcha, puedes confiar en que la inercia ayudará a mantenerla en movimiento. Por «fáciles», queremos decir que la probabilidad de que los consigas sea al menos del noventa y cinco por ciento. Esto significa que si estás desbordada por las mil y una tareas que tienes pendientes, tu objetivo no será tacharlas todas de la lista. Ni siquiera vas a elegir entre ellas una de dificultad media. Vas a empezar por la más fácil. Si esa tarea es reescribir, o incluso hacer, la lista de tareas, hazlo. Si es responder a un mensaje, hazlo. Si es darte una ducha, entonces ese es tu objetivo. Ningún paso es demasiado pequeño; dar un paso hacia tus valores es estar un paso más cerca de tus valores.

Descomponer en proyectos o tareas la lista de cosas pendientes puede ser un reto para los perfeccionistas, que entienden que se trata siempre de «o todo o nada»: si no puedes hacerlo todo, ¿para qué molestarte? Si no has oído el despertador y ves que ya no te da tiempo a cumplir entera tu rutina de cada mañana —cepillarte los dientes, lavarte la cara, vestirte, hacerte el desayuno, desayunar y prepararte unos sándwiches para el mediodía–, da igual que te vuelvas a dormir y llegues tarde al trabajo. O puede que tengas una regla de «o todo o nada» que dice que una vez que empiezas a hacer algo, lo tienes que terminar, por lo cual te pasas los días intentando encontrar un bloque de tiempo lo bastante largo como para poder completar sin interrupciones eso que tienes que hacer. Pero el fin de semana que necesitas para vaciar el sótano, o la tarde para organizar los documentos fiscales, nunca se materializan, y tú sigues clavada en cero avance.

Cuando te veas a punto de hacerte un planteamiento de tipo «o todo o nada», respira hondo y fíjate en esas reglas que flotan en tu espacio mental. El perfeccionismo decreta: «No tiene sentido hacer las cosas a medias». Observa la regla como lo que es: un pensamiento, una sugerencia, una opinión. Mira a ver si hay algo más que te impide empezar. Quizá notes una sensación de malestar ante la idea de dejar la tarea incompleta o de no hacerla exactamente como te hubiera gustado. Reflexiona sobre si hacer caso a estas normas y sensaciones te acerca a tus valores. ¿Qué pasaría si eligieras no prestarles atención?

El hecho es que un cincuenta por ciento de compleción es más que el cero por ciento. Sí, el cien por cien es más que el cincuenta por ciento, pero estamos hablando de ponernos objetivos alcanzables, y no es posible terminar las cosas al cien por cien todo el tiempo. Lo sabes. Además, dejar el cincuenta por ciento completado significa que queda un cincuenta por ciento por hacer, en vez del cien por cien. Claro que es preferible escribir un informe bonito, con las tablas perfectamente alineadas y las cifras ordenadas con precisión que entregar uno mediocre. A la vez, entregar un trabajo mediocre es preferible a saltarte otro plazo de entrega, o a no poder pasar el fin de semana con tu familia donde teníais planeado, por perfeccionar el informe.

El producto perfecto es un espejismo; de ahí que, por mucho que intentemos e intentemos apresarlo, nunca lo alcanzamos. En lugar de eso, quédate con el cincuenta por ciento, o con el setenta y cinco o el treinta por ciento, y considéralo una victoria. Cualquiera de ellos es mejor que el cero por ciento. Te pedimos que empieces poco a poco, pero no es ahí donde acabarás. Lo mismo que cuando estás aprendiendo a andar, cada paso va siendo más fácil. Te caerás una y otra vez al empezar a caminar por nuevos terrenos. Todo forma parte del proceso de crecer, así que acepta las caídas. Al final, te descubrirás saltando y brincando hacia tus valores. Simplemente, lleva tiempo desarrollar esos músculos y esa resistencia.

Relevante. *Relevante* significa que el objetivo es importante para *ti*. Este criterio elimina los objetivos basados en el «debería», que suelen derivarse de las expectativas externas. No es que las expectativas que los demás tienen de nosotros sean buenas ni malas desde un punto de vista psicológico, el problema es que la gente quiere que hagamos muchas cosas. Quieren, o pensamos que quieren, que respondamos a los correos electrónicos de inmediato, que coincidamos con su punto de vista, que hablemos más o hablemos menos en las reuniones, que hagamos un comentario elogioso sobre su corte de pelo y que seamos divertidos en las fiestas.

Cuando nuestra inclinación natural es a actuar de acuerdo con los «debería», necesitamos claridad y sinceridad para determinar qué es relevante. Claridad de perspectiva es: «¿Veo claramente el vínculo entre este objetivo y mis valores? ¿Veo destacar claramente mis valores en medio de la niebla de pensamientos y sentimientos?». Sé sincero contigo. Elige objetivos que te importen, aunque a la gente no le parezcan bien. Abstente de ponerte objetivos que los demás creen que serían buenos para ti si sabes que en realidad no te interesan. No es fácil determinar qué objetivos son relevantes, así que quizá de vez en cuando elijas avanzar en dirección a un «debería» (esto es ser flexible). Ahora bien, ten siempre en cuenta que cada acción tuya es una estrella en la constelación de tu vida; decide qué forma quieres que tenga la constelación que estás creando.

En este momento, la parte perfeccionista de tu mente podría estar mostrando cierto rechazo a comprometerse con nuevas conductas y cuestionando si realmente «valen la pena». O podría haber entrado en «modo de optimización» y estar instándote a elegir los objetivos más «eficaces y provechosos», aunque en realidad para ti no sean relevantes. Esto es lo que hace la mente: quiere resolver problemas incluso cuando no los hay. En lugar de enredarte en analizar qué objetivo puede beneficiarte más, elige objetivos que tengan algún significado para ti o encuéntrale el sentido a la actividad que elijas. Si te comprometes a elegir un hotel en menos de una hora, conecta con la idea de que hacerlo te dará muchas horas libres durante las cuales podrás leer, tomarte el té con una amiga o jugar con tu hijo, en lugar de pasarte horas pidiéndole consejo a cada amigo y a cada miembro de tu familia, recorriendo sitios web de viajes y creando una monstruosa hoja de cálculo.

Acotado en el tiempo. *Acotado en el tiempo* significa fijar un plazo para alcanzar el objetivo y cumplir ese plazo. No hay nada que la procrastinación odie tanto como los plazos, por eso es fundamental cumplirlos una vez que se han fijado. Sin una fecha límite, podrías arrastrar objetivos específicos, medibles, alcanzables y relevantes durante años, creyéndote pensamientos tan tramposos como «pronto me pongo con ellos», «estoy trabajando en ellos» o «ahora no es el momento». Es posible que hayas hecho esto con las tareas domésticas: una bombilla fundida que en algún momento vas a cambiar, unas cajas de ropa vieja que van acumulando polvo en el garaje y unas plantas que suplican que las trasplantes. Es mucho más fácil posponer las tareas cuando no tienes que rendir cuentas a nadie, así que las pospones.

Asignar un plazo deja claro, además, cuándo has «fracasado», y por eso los plazos te dan miedo. Un plazo indefinido nos permite procrastinar no solo la tarea, sino también el fracaso. Mientras «sigas trabajando en ello», técnicamente no habrás fracasado. Mientras haya una *posibilidad* de completarlo, todavía lo puedes conseguir. Los plazos cierran esta vía de escape; le estampan a la tarea el sello de IMCOMPLETA si no la has terminado para la hora fijada. Si no reservas tu vuelo para ir a pasar las vacaciones con tu familia dos semanas antes de la fecha de salida, has fracasado. Respetar un plazo requiere un compromiso, lo cual significa comprometerte también con la posibilidad de fracasar.

Los plazos son útiles por la misma razón por la que son intimidadores. Como señalan un límite de tiempo, te evitan repasar y repasar un trabajo hasta el fin de los tiempos. Por ejemplo, parece una buena idea que un examen sea de duración ilimitada. Te da tranquilidad saber que tendrás tiempo de sobra para pensar bien las respuestas, repasar los razonamientos y comprobar dos veces las operaciones. Pero imagina lo que esa duración ilimitada le haría a una mente perfeccionista, que siempre encontrará algo que puede hacerse mejor: «Vale, ya he terminado el examen y he comprobado todas las respuestas, pero, como tengo tiempo, ¿por qué no las vuelvo a comprobar? Aquí podría escribir una respuesta alternativa y compararlas para ver cuál responde a la pregunta con más exactitud. ¿He comprobado con detalle la ortografía? ¿He leído con suficiente atención las preguntas en las que hay una doble negación para asegurarme de que no he malinterpretado ninguna de ellas?». Esto podría continuar indefinidamente, y podrías hacer lo mismo casi con cualquier cosa. Sin una fecha límite para entregar un artículo, los investigadores pueden pasarse meses escribiendo y corrigiendo borradores mientras la ciencia avanza y la aportación que iban a hacer queda obsoleta. Sin una fecha límite para terminar la reforma de la casa, los botes de pintura se pueden quedar sin abrir en medio del salón esperando a que te entren ganas de pintar.

Sin embargo, llega un momento en que, una de dos, o haces las cosas o te olvidas de ellas. Vivir en un limbo de procrastinación y «técnicamente, no fracasos» es como estar en el umbral entre dos habitaciones. Estás atascada en una tarea que no se acaba nunca y no puedes sumergirte de lleno en ninguna nueva tarea porque te sientes en deuda con la que has dejado inacabada, que flota todo el tiempo al fondo de la mente. Tal vez llevas tiempo queriendo tejer un jersey. Entonces te acuerdas de aquellas tiras de lana tejida que deben de estar enmoheciéndose a la espera de convertirse en una bufanda y decides no tejer el jersey. Te quedas en el umbral.

Lo que te gustaría es entrar en la nueva habitación y empezar de nuevo, pero te cuesta cerrar la puerta a tu espalda. Significa reconocer que no vas a terminar algo que empezaste (o que tenías la intención de empezar). Por hacer eso, la mente va a ponerte la etiqueta de «fracasada» o de «inconstante». La pregunta es: ¿qué te resulta más útil, responder a la etiqueta como si fuera importante o ser consciente de ella, tomar distancia y conectar con tus valores? Haz sitio en ti para el malestar que te crea dejar las cosas a medias, si eso significa que puedes dar un paso hacia algo que de verdad te importa.

En realidad, dejar algo a medias no es un signo de debilidad; a veces puede ser señal de sensatez y amabilidad contigo. Del mismo modo que si tu pareja te llama desde el coche y te dice que está viendo acercarse una tormenta de nieve, le pides que se detenga o que dé la vuelta, no le presionas para que termine el viaje, puedes darte permiso para dejar de dedicar tu energía a un trabajo que no está al servicio de tus necesidades y valores.

Por el contrario, si lo que se ha quedado a medias en la habitación anterior tiene sentido para ti, vuelve a ella. Haz lo que sea bueno para ti. Quizá en este caso tengas que hacerle sitio al malestar por no terminarlo todo a la perfección o al agobio por las mil tareas que te esperan. Observa el bullicio: todas las habitaciones en las que podrías estar, todas las habitaciones en las que has estado. Respira y deja que la energía te recorra el cuerpo entero. ¿Puedes experimentar todo eso y aun así *elegir* avanzar hacia lo que te importa?

Recuerda la A de SMART: alcanzable. No te estamos pidiendo que salgas disparada hacia la línea de meta si todavía estás en la fase de calentamiento. Te pedimos que descubras cuál es el paso más pequeño que puedes dar en medio del caos. Defínelo. Mídelo. Ponle un límite de tiempo. Da el paso.

Establece tus objetivos

Los criterios SMART constituyen juntos la base para fijarte unos objetivos. Todas las letras del acrónimo son importantes, pero te sugerimos que a la hora de establecerlos empieces por la R, por su relevancia. Si no, es posible que estés tan pendiente de cuál va a ser el siguiente paso que se te olvide cuál es tu destino. Y si no sabes a dónde quieres ir, ¿cómo vas a medir cuánto has progresado? Así que vamos a trabajar hacia atrás. Comienza por el lugar al que quieres llegar (tus valores), traza una línea imaginaria hasta el lugar en el que te encuentras actualmente y, a continuación, decide qué acciones te parece que pueden llevarte a ese destino.

Por ejemplo, si tu valor es «mejorar el mundo», reflexiona sobre qué áreas te importan particularmente. Supongamos que destacan el trabajo, la familia y los amigos. Explora cómo podrías mejorar el mundo en cada una de esas áreas. En el trabajo, podrías elegir tomarte los fallos menos a pecho y entregar a tiempo las tareas, en lugar de aplazar las entregas o presentar solo trabajos impecables. En cuanto a la familia, podrías elegir ser más elástica cuando tu pareja o tus hijos quieran cambiar de planes en el último minuto. En el caso de los amigos, podrías comprometerte a estar más presente y a escucharlos con atención cuando os reunís, en vez de estar pensando en todo lo que tienes pendiente. Esta manera de canalizar valores generales y especificarlos en objetivos SMART te mantiene atada a tus valores, lo cual resulta especialmente útil si eres propensa a distraerte con cada árbol del bosque.

Aun con todo, una vez que hayas formulado tus objetivos iniciales, entiende que los objetivos son cambiantes y probablemente evolucionarán a medida que incorpores nueva información, encuentres nuevos intereses, tengas más claridad sobre tus valores y crezcas. Identificar tus objetivos personales es como tener una instantánea del camino que quieres recorrer. En cualquier momento y situación, es una ayuda saber aproximadamente hacia dónde te diriges. Ahora bien, la instantánea no incluye los caprichos del destino ni la variabilidad humana, así que aferrarte con rigidez a una instantánea obsoleta, por correcta que fuera en el momento en que se tomó, puede ser perjudicial. Si has salido a hacer montañismo y estás atravesando un bosque, te ayudará saber cuáles son los pasos inmediatos y tener una idea general de los pasos futuros mientras avanzas por el sendero. Si no ocurre nada inesperado, puedes incluso ceñirte a tu plan hasta llegar a la cima del monte. Sin embargo, los árboles caídos, los nidos de avispas, los gruñidos inquietantes, las nubes grises y el runrún de tripas pueden echar por tierra tus planes. Si todavía quieres llegar a la cima, tienes que adaptarte. Asegúrate de que la dirección general sigue siendo la misma (es decir, hacia tus valores), pero la ruta para llegar a la cima tal vez cambie.

Dicho esto, anota en tu cuaderno dos o tres objetivos actuales relacionados con tus valores (pueden ser los que identificaste en el capítulo seis u otros distintos). Después podrás añadir los que quieras, pero empecemos por algo pequeño. Comprueba que cumplen los criterios SMART: ¿son específicos, medibles, alcanzables, relevantes y están acotados en el tiempo? Modifícalos si no es así. Asegúrate de que cada objetivo está claramente definido.

Ahora que tienes un conjunto de objetivos SMART delante de ti, clasifícalos en pequeños, medianos y grandes. Normalmente, el «tamaño» lo determinan el esfuerzo o el tiempo requeridos para ejecutar ese objetivo, que pueden estar correlacionados pero no siempre es así: puedes tener objetivos que requieran un gran esfuerzo en un periodo de tiempo muy corto, como enviar una solicitud de empleo unos minutos antes de que acabe el plazo, u objetivos que requieran un pequeño esfuerzo durante un periodo prolongado, como revisar la ropa vieja de tus hijos durante meses para ver si hay algo que todavía se pueda aprovechar. Determina qué categoría se ajusta mejor a cada objetivo.

Adoptar una perspectiva global de tus objetivos al clasificarlos te orienta sobre cómo avanzar hacia ellos de la manera más eficaz y ver si convendría incorporar algún otro objetivo o si hay alguno que sea mejor descartar. Por ejemplo, quizá descubras que solo tienes «grandes» objetivos «a largo plazo», lo que explicaría por qué vives con la sensación de estar constantemente persiguiendo algo lejano. En este caso, añade en esa misma dirección «pequeños» objetivos «a corto plazo» para saber si vas por buen camino y poder experimentar con más frecuencia una sensación de logro. Aunque los mensajes culturales nos digan que ponernos metas distantes y demorar el momento de la recompensa es señal de autodisciplina, hacerlo suele desestabilizar el progreso y hace que el viaje sea más oneroso de lo necesario. En esencia, te estás poniendo las cosas más difíciles al retrasar la gratificación.

Una vez que tengas una idea más clara de cómo están distribuidos tus objetivos, identifica las lagunas que haya en la lista. ¿Faltan objetivos a largo plazo que te den una sensación de esfuerzo y auténtico sentido? ¿Faltan objetivos más pequeños que te den el impulso necesario para alcanzar objetivos más grandes? Puedes añadir nuevos objetivos ahora o más adelante. Por el momento, es más importante que tengas una lista de objetivos hacia los que puedas empezar a dar pasos, para que puedas seguir aplicando lo que te contamos en el resto del capítulo.

¡Allá vamos!

Saber cómo definir los objetivos e identificar los tuyos son los primeros pasos. El siguiente paso es utilizar estrategias para aumentar las probabilidades de que tus comportamientos te lleven hacia tus objetivos. Contempla tu comportamiento como el producto de una escala de probabilidad en constante cambio. Unas variables aumentan la probabilidad de que cumplas tu objetivo (como dormir con la ropa de deporte puesta para hacer ejercicio a la mañana siguiente) y otras disminuyen la probabilidad (como acostarte a las dos de la madrugada si tienes la clase de gimnasia a las siete). Está claro que la probabilidad, por grande que sea, no garantiza que vaya a manifestarse realmente la conducta deseada. Por ejemplo, reunir todos los documentos que necesitas para hacer la declaración del impuesto sobre la renta, acceder al sitio web de la Agencia Tributaria y hacer clic en la opción de «Servicio de tramitación de borrador» no garantiza que vayas a presentar la declaración; simplemente es mucho más probable que lo hagas si has seguido esos pasos que en caso contrario. Aun así, nos da una sensación de dominio tener control sobre las probabilidades y contribuir a que sean más probables las conductas que nos benefician y menos probables las que no, en lugar de sentir que estamos a merced de los caprichos de nuestros sentimientos y circunstancias. Cada una de las estrategias que siguen te ayudarán justamente a eso.

Estructura tu entorno. La estrategia de *control de estímulos* consiste en controlar el comportamiento por medio de la presencia o ausencia de un estímulo determinado. Por ejemplo, es más probable que veas *The Americans* en presencia de un televisor y menos probable que comas chocolate si no tienes ninguna tableta de chocolate en casa. Aplicado al cambio de conducta, puedes aprovechar el control de estímulos para estructurar las condiciones ambientales de modo que maximicen la probabilidad de tener conductas útiles y minimicen la de tener conductas no útiles. En otras palabras, puedes organizar las condiciones ambientales para que te ayuden todo lo posible a tener éxito en lo que te propongas.

Ten en cuenta que «condiciones ambientales» abarca todas las partes de tu contexto, incluido tu paisaje interior (por ejemplo, estar cansada). No hay una fórmula establecida para controlar los estímulos, ya que el estímulo que decidas manipular dependerá de la conducta que quieras cambiar, que dependerá de tus objetivos, que a su vez dependen de tus valores. Aquí, vamos a describir cómo funciona el control de estímulos, y luego te dejaremos que descubras qué tretas tienen sentido desde tu punto de vista, ya que solo tú sabes qué factores influyen en tus comportamientos. Los componentes del control de estímulos son:

1. Identifica el comportamiento de interés o el comportamiento que quieres cambiar.
2. Considera qué variables tienen más probabilidades de influir en ese comportamiento.
3. Utiliza tu habilidad resolutiva para determinar qué modificaciones de las condiciones ambientales favorecerían más el cambio de comportamiento que quieres.
4. Pon en práctica las manipulaciones y mira a ver qué pasa.

5. Haz los ajustes necesarios en función de los resultados que obtengas. Vuelve al paso 2 si necesitas analizar de nuevo la situación e identificar otras variables que influyan en el comportamiento que quieres cambiar, o al paso 3 si lo que necesitas es encontrar una forma diferente de manipular las variables que ya has identificado.

Por ejemplo, supongamos que estás posponiendo contestar a un correo electrónico de tu supervisor. En vez de hacerlo, te sientas a ver vídeos de cachorros sorprendidos y parodias de musicales de Broadway. Repasemos los pasos:

1. Hay dos conductas de interés: (1) enviar un correo electrónico a tu supervisor y (2) ver vídeos en Internet. Es de suponer que quieres que se produzca el primer comportamiento y se detenga el segundo.
2. Identifica las variables que pueden (1) favorecer que escribas el correo electrónico (tener abierta en el escritorio la bandeja de entrada en lugar de varias ventanas y pestañas) y (2) dificultar que sigas viendo vídeos (cerrar todas las ventanas del navegador de Internet en las que haya abiertos sitios web de vídeos).
3. Sopesando estas opciones, podrías cerrar todas las aplicaciones salvo la de correo o instalar un

programa que te impida abrir sitios web que te distraigan (estas aplicaciones se basan en la misma premisa del control de estímulos, ya que ponen barreras a los comportamientos no deseados). Para inclinar la balanza a tu favor, creas las condiciones que, por un lado, facilitan que escribas el correo (tienes ya un correo en blanco abierto en el escritorio) y, por otro, dificultan que veas vídeos (ya no tienes acceso a esos sitios web). Cuando yo, Mike, quiero concentrarme en escribir, trabajo con la puerta del despacho abierta para que todo el que pase pueda ver si estoy navegando por Internet, lo cual reduce las probabilidades de que me escape a Reddit.

4. Mira a ver si acabas enviando el correo electrónico.

5. Si es así, enhorabuena. Has utilizado con éxito el control de estímulos. Si no es así, vuelve al paso 2 para redefinir el problema o al paso 3 para pensar en soluciones alternativas.

A la hora de idear formas de modificar tu entorno, te ayudará saber que, por nuestras capacidades psicolingüísticas, los estímulos pueden tener en nosotros efectos *arbitrarios*. Esta es otra de las razones por las que no existe una receta infalible para el control de estímulos; un mismo estímulo tiene funciones diferentes según la persona, su historia y su contexto. Por ejemplo, ante una bufanda, algunos recordaremos a nuestro abuelo que acaba de morir y nos pondremos tristes, otros quizá se alegren pensando en usarla ahora que se acerca el invierno y habrá quienes se agobien porque les recuerda la labor de ganchillo que dejaron sin terminar. Cualquier cosa puede adquirir cualquier significado siempre que se hagan las asociaciones mentales pertinentes (bufanda → abuelo → muerte → pérdida → tristeza).

Comprender estas relaciones arbitrarias y cómo determinan la función de los estímulos es muy interesante, porque si descubres qué asociaciones se producen en tu mente y cómo influyen en tu comportamiento, puedes utilizar sus poderes a tu favor. Por ejemplo, si sabes que la imagen de un escalador musculoso como Adam Ondra te va a motivar a hacer ejercicio con regularidad, añádela a tu entorno. Si sabes que poner de fondo de pantalla en el teléfono móvil al perro de tu familia te recordará que debes llamar a tus padres más a menudo, hazlo. Aprovéchate de la arbitrariedad.

Otro corolario de nuestras capacidades psicolingüísticas es que somos capaces de responder a estímulos *cognitivos* o *verbales*, como reglas, relatos mentales sobre quiénes somos, la ansiedad y la depresión, cuando la mayoría de los animales solo responden a estímulos físicos. Haz la prueba. Imagínate la tarta de chocolate más irresistible, con un glaseado espeso y cremoso sobre sucesivas capas de bizcocho ligero. Imagínatela de verdad. Observa cómo reaccionas ante esta imagen. Tal vez se te está haciendo la boca agua y quieres comerte un trozo ahora mismo, así que hay más probabilidades de que salgas a comprar una tarta o te comas la que tienes ya en la nevera. Tu perro y los osos polares no lo pueden hacer.

La capacidad de responder a los estímulos verbales nos permite utilizarlos como parte de la estrategia de control de estímulos. Una de las maneras más eficaces de aplicar esto para inclinar a nuestro favor las probabilidades de comportarnos del modo deseado es *tomando conciencia* de nuestros valores y de nuestro actual orden de prioridades. Es decir, puede que actúes de forma diferente si eres *consciente* de tus valores y de las prioridades que tus acciones reflejan. Es más fácil que elijas consultar el correo electrónico en lugar de mirar a tus hijos jugar en el parque si no te das cuenta de que, al hacerlo, implícitamente estás dando prioridad a la evitación emocional (en este caso, evitar la ansiedad de saber que tienes correos electrónicos sin leer) sobre estar presente como padre. En cambio, ser consciente de la discrepancia entre tus valores y tus actos podría favorecer que eligieras en ese momento dedicar la atención a tus hijos en lugar de a la evitación.

Darte cuenta de ti mismo te permite decidir *sabiendo*, puesto que aporta a tus condiciones ambientales una información gracias a la cual puedes influir en las probabilidades. ¿Seguirá siendo más probable que intentes aliviar la ansiedad de tener correos sin leer, una vez que te das cuenta de que hacerlo te aleja de tus valores, o es más probable que juegues con tus hijos para ser el padre que quieres ser?

Introduce consecuencias. Otro método conductual es el *manejo de contingencias*, que a grandes rasgos consiste en aprovechar el condicionamiento operante (es decir, refuerzo y castigo) para alterar la conducta.* En el contexto conductual, esa alteración se lleva a cabo mediante el uso de *recompensas* (refuerzo positivo). La mayoría está familiarizada con esto: si se premia una conducta, esa conducta se repite; si se castiga una conducta, probablemente se repita menos. Lo que quizá no resulte tan evidente es que (1) se puede reforzar la conducta deseada *eliminando* algo aversivo (refuerzo negativo), y (2) a la larga el castigo es contraproducente, otra de las razones por las que con el tiempo la autocrítica es perjudicial. Estos principios, por un lado, te presentan nuevas opciones para reforzar las conductas que deseas (como poner una alarma insoportable para que

---

* N. de la T.: Las dos teorías conductistas principales sobre el aprendizaje asociativo son el condicionamiento clásico (Iván Pávlov, 1849-1936), que explica el aprendizaje por la asociación de dos acontecimientos que el sujeto no puede controlar, y el condicionamiento operante (Burrhus Frederic Skinner, 1904-1990), que basa el aprendizaje en la asociación entre una conducta (operante) y sus consecuencias. Como técnica para modificar la conducta, el condicionamiento operante utiliza el refuerzo (cualquier evento que aumente la probabilidad de que se produzca una conducta deseada), que puede ser positivo o negativo (es refuerzo positivo cuando se suministra algo que agrada, y refuerzo negativo cuando se retira algo que desagrada), y el castigo (cualquier procedimiento que se utilice para eliminar una conducta indeseada), que también puede ser positivo o negativo (es positivo cuando se suministra algo que desagrada, y es negativo cuando se retira algo que agrada).

sea más probable que te levantes a apagarla) y, por otro, te dicen que puedes olvidarte del castigo.

El manejo de contingencias es un método más para controlar las probabilidades. Asociar una acción a unas consecuencias concretas aumentará o reducirá las probabilidades de que una conducta se repita. Si te recompensas con una galleta por pasar la aspiradora, es más probable que lo hagas. Si notas que al terminar de pasar la aspiradora sueles sentirte menos estresado (es decir, se elimina o reduce el estímulo aversivo), también tienes más probabilidades de pasarla. Sin embargo, no puedes hacer que el estrés desaparezca con la misma facilidad que haces aparecer la galleta, por lo que intentar utilizar como refuerzo negativo la eliminación de un estímulo aversivo como es el estrés no resulta demasiado práctico. Las estrategias de manejo de contingencias deben centrarse en estímulos que podamos manipular directamente, como el postre.

Por otro lado, en general es más efectivo impulsar un cambio de conducta con recompensas que con la amenaza de consecuencias desagradables. Es distinto correr a comprar un helado que correr para no caer en las zarpas de un oso. Por esta razón, aquí damos preferencia a los reforzadores positivos, aunque los reforzadores negativos pueden ser útiles en ocasiones (por ejemplo, si colocas las bolsas de basura junto a la puerta de entrada es más probable que las lleves al contenedor).

Los puntos fundamentales del manejo de contingencias son:

1. Vincular las recompensas a metas definidas objetivamente.
2. Seleccionar recompensas que sean un reforzador real.
3. Definir con claridad las recompensas.

Para el primer punto, definir los objetivos SMART significa haber recorrido la mayor parte del camino. Solo te queda tomar nota de cuándo has completado el objetivo y darte la recompensa. Ahora bien, esto último no siempre es tan sencillo. Por ejemplo, ¿alguna vez has pensado en la cantidad de horas de juego que te ibas a dar como premio cuando terminaras el trabajo en el que llevabas enfrascado desde hacía un mes... y al llegar el momento, estabas tan agotado, o tenías aparcadas tantas cosas que reclamaban tu atención inmediata, que has acabado por olvidar celebrarlo? Para que el manejo de contingencias funcione, tienes que cumplir la consecuencia que te has prometido. Si el problema es que se te olvida, ponte recordatorios, incorpora a tu entorno detalles que te lo recuerden (esto es el control de estímulos). Si el problema es que no sabes exactamente cuándo has cumplido tu objetivo, vuelve a los criterios SMART. Lo más probable es que tu objetivo no sea medible.

El segundo requisito es que las recompensas sean auténticamente gratificantes. Si en realidad no tienes interés en leer la biografía de Michelle Obama, entonces «recompensarte» comprando *Mi historia* no cambiará las probabilidades de que adoptes o dejes ninguna conducta. Eres demasiado inteligente para mentirte, así que elige recompensas que de verdad signifiquen algo para ti. Las recompensas pueden ser tangibles, como una *pizza*, una nueva tabla de *snowboard* o una figura de acción de Boba Fett de edición limitada, o pueden ser intangibles, como tiempo para estar con tus amigos, autorización para aplazar una tarea, ver *Fleabag* o permiso para saltarse una reunión aburrida; utiliza la imaginación. Las recompensas se rigen por el principio de que la función tiene prioridad sobre la forma. Es decir, la función de las recompensas es ser un reforzador positivo, aumentar las probabilidades de que se produzca la conducta deseada; no basta con que sean aparentemente atractivas.

Por último, es necesario que las recompensas sean específicas, lo mismo que los objetivos. ¿El premio es un dónut o tres? ¿Dónde los vas a comprar? ¿Van a estar rellenos? ¿De qué? Concretar estos detalles desde el principio te evita entrar luego en una discusión mental sobre qué cantidad de recompensa te mereces realmente, incluso aunque cumplir el objetivo haya sido más fácil de lo que esperabas.

Imagina que estás firmando un contrato contigo: acepta los términos y ejecútalo tal y como está estipulado. Por ejemplo, yo, Mike, me recompenso al terminar el trabajo del día dando un paseo en bicicleta. Si resulta que lo tengo todo hecho para las dos del mediodía, aunque la mente me diga que todavía puedo escribir unos párrafos más, no añado trabajo ni reuniones. Ese día salgo más pronto a disfrutar el aire fresco de la montaña.

Sé responsable. La tercera estrategia para aumentar las probabilidades de que ciertas conductas cambien favorablemente es la responsabilidad. Oblígate, o haz que alguien te obligue, a cumplir tus compromisos. Suena sencillo, y en general lo es. Estableces tu objetivo y te aseguras de que lo cumples. El principal propósito de dar cuentas de tu progreso es aumentar la motivación, al igual que el ayuno aumenta la motivación para comer. Por «motivación», nos referimos a un estado en el que es más probable que se produzca la conducta que tienes como objetivo; no la entendemos como un sentimiento. La definimos como un estado que está bajo la influencia de ciertos factores ambientales porque eso te da mayor posibilidad de controlar tu grado de motivación. De este modo, puedes ponerte música disco y aumentar así tu motivación para hacer ejercicio o quedar en verte al mediodía con una amiga y aumentar así tu motivación para salir de casa. En las sesiones de terapia, los clientes suelen decirnos que saber que les preguntaremos cómo han ido las prácticas les ayuda a hacerlas. Esto indica que son física y cognitivamente capaces de completar las tareas, y que solo necesitaban un aliciente añadido, que es el de rendir cuentas. Este es el efecto que *se espera* de la responsabilidad.

No obstante, la obligación de rendir cuentas podría tener también el efecto contrario y disminuir la motivación o provocar un estado de ansiedad en el que sea menos probable que te comportes como deseas. Por ejemplo, puede que para ti sea una presión agobiante, que pensar en que tienes que responder de tu trabajo ante alguien haga que los objetivos te parezcan más inalcanzables todavía y acabes por evadirte de todo. El que la responsabilidad tenga uno u otro efecto depende del significado que arbitrariamente atribuyamos a los estímulos; como veíamos en una sección anterior, esa arbitrariedad de significado hace que un estímulo pueda producir efectos de lo más diverso. Hemos hablado también de que *la función tiene prioridad sobre la forma*, y esto significa que es necesario prestar atención a los efectos de cualquier estrategia. Si a ti rendir cuentas de tus progresos te lleva a querer evadirte, busca un modo de hacer que esta estrategia sea más motivadora u olvídate de ella por completo; hay otras maneras de inclinar a tu favor la balanza de las probabilidades. Y si, en lugar de este, tu problema es que careces de las habilidades necesarias para completar las tareas que te propones, tener que rendir cuentas tampoco es la respuesta. Es mejor que trabajes con las técnicas de adquisición de habilidades cognitivas, cuentes con la ayuda de alguien de confianza y utilices tu capacidad resolutiva para alcanzar tus metas.

En caso de que decidas rendir cuentas a otra persona de los pasos que estás dando para cumplir un compromiso de carácter público, escoge a personas a las que respetes, aprecies o con las que tengas una relación cercana para que la responsabilidad tenga más peso. Hay más probabilidades de que cumplas lo que te has propuesto si has hecho un acuerdo con el padrino de tu hija que con el peluquero al que ves una vez al año. Por ejemplo, yo, Clarissa, solía enviarle todos los lunes por correo electrónico a mi asesor de la escuela de posgrado, Mike, actualizaciones de los proyectos en los que estaba trabajando. Esto me ayudaba a tener una idea clara del avance en cada uno de ellos y me servía para comprobar semanalmente que nada se me estaba escapando de las manos. A mí, los correos electrónicos me mantenían comprometida con mi trabajo y me hacían avanzar en los proyectos, pero puede que, en tu caso, sentirte obligada a enviar actualizaciones semanales por correo electrónico a una figura de autoridad solo alimente la procrastinación. Si es así, hazlo de otra manera. Elige a alguien que sea capaz de motivarte o espacia las fechas en que te comprometes a rendir cuentas de tu trabajo. Haz lo que en tu caso *aumente las probabilidades* de que cumplas lo que te has propuesto.

Si vas a responder de tus avances únicamente ante ti, es fundamental que seas estricta. Sé inflexible en lo referente a cumplir los plazos y los compromisos. Si has dicho que el miércoles al mediodía, es el miércoles al mediodía, no a última hora de la tarde ni a medianoche, ni el jueves porque el miércoles te duele la cabeza. Irónicamente, la inflexibilidad puede ser una ayuda, porque cambiar los plazos y modificar aquello a lo que te habías comprometido pueden ser formas de evitación. Por ejemplo, podrías atrasar la fecha establecida para *evitar* sentirte culpable por no ser capaz una vez más de cumplir el plazo señalado. Un poco de flexibilidad aquí y allá no parece gran cosa si se contempla aisladamente, pero contribuye a crear un patrón general de funcionamiento que admite la reestructuración constante del entorno para adaptarlo a la evitación. Una vez que seas capaz de cumplir a rajatabla los plazos y de rendirte cuentas con seriedad sobre tus avances, introduce la flexibilidad, entendiendo que la flexibilidad consiste en ser adaptable cuando surgen imprevistos, no en una excusa para la procrastinación.

Exigirte responsabilidad tiene una función diferente que exigirte cumplir con las expectativas. Lo primero consiste en ceñirte a los planes que, basándote en tus valores, has decidido que son buenos para ti, mientras que lo segundo consiste en ceñirte a normas arbitrarias desconectadas de tus valores. Es la diferencia entre ponerte varios despertadores para asegurarte de que tendrás tiempo de prepararte para ir a la boda de tu hermano y poner varios despertadores para asegurarte de que asistes a una clase de gimnasia a las cinco de la mañana porque está incluida en tu programa. Importa cuál es el *propósito* de la rigidez. En el caso de rendirte cuentas a ti, utiliza la fuerza de la rigidez en todo momento.

Ansiedad y PERFECCIONISMO

Impedimentos para el cambio

Además de utilizar estrategias conductuales para mantenerte en el camino hacia tus objetivos y valores, conviene que seas consciente de qué obstáculos es probable que aparezcan, para que puedas anticiparte y sortearlos con habilidad.

La trampa del ajetreo. Un obstáculo común es la retórica del «estoy demasiado ocupado». En este momento no tienes tiempo ni para respirar. Te gustaría poner en práctica estas habilidades, pero con una agenda tan apretada es imposible. Eso sí, en cuanto estés un poco más desahogado, decididamente vas a empezar las prácticas de mindfulness. Lo entendemos. Nuestra mente nos dice lo mismo. Es muy fácil dejarte arrastrar por la vorágine del ajetreo y vivir con la idea de que «no tienes tiempo» para nada más que para lo que ya estás haciendo. Puede resultar incluso frustrante querer probar cosas nuevas y no conseguir sacar tiempo un día tras otro.

Sin embargo, lo que realmente ocurre es que tu mente está creándote la falsa sensación de que ese ajetreo es *impuesto*, de que fuerzas ajenas a ti te obligan a estar ocupado y, por lo tanto, no puedes escapar de toda esa actividad constante. Tu mente, de hecho, te dice que no tienes tiempo para tomarte un café con tu pareja o para hacer una comida rica, que es algo terriblemente laborioso. Te repite que si dedicas tu tiempo a actividades «improductivas» como esas, le estarás quitando ese tiempo

212

tan valioso a algo más constructivo, como planificar la semana u ordenar el escritorio. Es posible que tu mente perfeccionista incluso te haya preparado una serie de reglas para facilitarte las cosas: no puedes dejar de cumplir los plazos (ese es Mike), tienes que catalogar todas las tareas en la aplicación de gestión de tareas (Clarissa) o necesitas tener un control permanente de cada proyecto (de nuevo Clarissa). Y de este modo, aun cuando valoras las relaciones tanto como el trabajo, cumplir las reglas del perfeccionismo puede hacerte vivir desproporcionadamente ocupado con el trabajo a expensas de tu relación de pareja.

En lugar de creerte sin más el discurso de «estoy demasiado ocupado», contempla el ajetreo como una oportunidad para señalar cuáles son las prioridades en ese momento, lo que significa que *sí* tienes control sobre tus *ocupaciones*. Tus ocupaciones son las que son porque eliges hacer sitio para ellas en tu vida y porque, para hacerles sitio, sacrificas otras ocupaciones posibles, incluso aunque tanto unas como otras estén en consonancia con tus valores. Por ejemplo, nunca estarías «demasiado ocupado» para ir al hospital a ver a un familiar que se está muriendo o para llevar a tu perro al veterinario si le ocurre algo grave.

Cuando dices que estás «demasiado ocupado» para hacer algo, lo que realmente estás diciendo es «no estoy dispuesto a dedicar tiempo a esto ahora mismo». Si estás «demasiado ocupado» para llamar a tus padres, estás diciendo que no estás dispuesto a sacar tiempo en ese momento para contactar con ellos. Si estás «demasiado ocupado» para ir a terapia, estás diciendo que en ese momento no estás dispuesto a sacar tiempo para cuidar de tu salud mental. No eres consciente de que sea eso lo que ocurre, pero es lo que demuestran tus actos. En cierto sentido, «demasiado ocupado» es un estado que ha creado tu mente para mantenerte confinado dentro de unos determinados límites. Afortunadamente, tienes el poder de *sacar tiempo* para lo que te importa aunque tu mente diga que no te lo puedes permitir.

En tu cuaderno, escribe dos o tres actividades para las que estés «demasiado ocupado», como sentarte a comer al mediodía o llamar a un amigo con el que no hablas desde hace mucho. Utiliza el formato «estoy demasiado ocupado para _____ ahora mismo».

A continuación, sustituye «demasiado ocupado» por «no estoy dispuesto a sacar tiempo», de modo que la frase diga «no estoy dispuesto a sacar tiempo para _____ ahora mismo». He aquí algunos ejemplos:

- «No estoy dispuesto a sacar tiempo ahora mismo para *dormir ocho horas por noche*».
- «No estoy dispuesto a sacar tiempo ahora mismo para *hacer ejercicio con regularidad*».
- «No estoy dispuesto a sacar tiempo ahora mismo para *tomarme la medicación tal como me han indicado*».

Ahora lee para ti las frases dándote cuenta plenamente de lo que significan. ¿Estás de acuerdo con lo que dicen? Si es así, estás dando prioridad en tu vida exactamente a lo que quieres dársela, de modo que ¡estupendo! Si no estás de acuerdo, significa que tus actos no están en consonancia con tus prioridades. Lo hacemos todos.

Como decíamos al hablar del control de estímulos, ser *consciente* de esta incongruencia aumenta tus probabilidades de cambiar, ya que puedes elegir con más equidad tus actos para que reflejen tus valores. Sé flexible cuando aparezcan reglas sobre aquello para lo que «no tienes tiempo» y elige con deliberación qué valores seguir en ese instante. Y ten presente que, por muy «ocupado» que la mente diga que estás, tienes el poder de elegir qué hacer con tu tiempo.

La necesidad de certeza. Otro obstáculo para cambiar es la certeza que el perfeccionismo nos exige que tengamos antes de dar un paso. Como el perfeccionismo dice que necesitas saber que tu objetivo es el correcto antes de invertir en él tiempo y energía, puedes quedarte bloqueada durante semanas y meses tratando de decidir si en realidad ese objetivo vale la pena. El problema de que la certidumbre sea un requisito para actuar es que, por mucho que lo intentes, *no puedes* tener la seguridad de que estás tomando la decisión correcta. Hay siempre demasiadas variables desconocidas, sobre todo si se trata de acciones nuevas que añades al repertorio. La realidad es que el perfeccionismo te pide que busques una certeza que no existe.

En vez de quedarte atrapada en qué es lo correcto, toma una decisión y síguela, aunque la mente grite hasta desgañitarse insistiendo en que la reconsideres. Para ello necesitarás una intención firme y todas las habilidades que has aprendido en los capítulos anteriores; es más que «simplemente hazlo». Y *después* de haber llevado a cabo la acción elegida, reflexiona sobre cómo ha funcionado. ¿Quieres vivir más días de este tipo? ¿Querrías haber hecho las cosas de otra manera? ¿Qué habrías hecho de forma diferente?

Utiliza todo lo que descubras sobre esa experiencia para orientarte la próxima vez que hagas una elección. Evaluar la acción después de haberla realizado te da, por un lado, la ventaja de verla completa en retrospectiva y, por otro, espacio mental para evaluar con más equidad tu decisión, ya sin ruido. Tratar de evaluar una acción mientras la realizas, con la mente dudando y hasta menospreciando tu decisión, puede ser angustioso.

Incluso después de la acción, es posible que tu mente perfeccionista quiera hacerte entrar en un cuestionamiento sin fin sobre si ha sido la decisión correcta.

Si te sucede, reconoce el parloteo y date más tiempo para distanciarte de la experiencia. Podrían ser horas o días. Entretanto, haz lo que tengas que hacer para avanzar, es decir, para vivir en el presente y de acuerdo con tus valores. Podrás volver a la experiencia y evaluarla cuando tengas más claridad.

El propósito de evaluar los pasos que das en dirección a tus objetivos no es asegurarte de que tenías razón al elegirlos, sino contar con una base cada vez más sólida para optar por conductas que estén en consonancia con tus valores. Imagina cómo sería tu vida si desarrollaras auténtica habilidad para cumplir tus objetivos sin hacer caso de lo que el perfeccionismo te dijera. ¿Cuánto más grande sería tu mundo?

* * *

Pasar del dicho al hecho es mucho más que una cuestión de voluntad. Hay estrategias que lo facilitan, como utilizar los criterios SMART (específico, medible, alcanzable, relevante y acotado en el tiempo) a la hora de establecer los objetivos. Una vez que los hayas definido, puedes aumentar las probabilidades de que tus pasos te lleven hacia ellos (1) estructurando las condiciones ambientales, de modo que favorezcan conductas que te lleven en esa dirección y desfavorezcan conductas que te aparten de ella; (2) recompensándote por las conductas que estén en consonancia con tus valores, y (3) respondiendo ante ti, o ante la persona que elijas, de haber cumplido tus objetivos. Al utilizar estas estrategias, estás poniendo todo de tu parte para tener la oportunidad de cambiar de conducta y dejar de vivir a la espera de que un día tu estado de ánimo cambie.

Mientras trabajas para hacer realidad tus objetivos, el perfeccionismo te hará dudar a cada paso, como era de esperar. Completa lo que te propongas y utiliza lo que aprendas de tus experiencias para decidir en el futuro qué quieres hacer. En el próximo capítulo, te contamos cómo «retener» y aprovechar al máximo los cambios favorables que hagas, algo fundamental en un mundo que nunca dejará de exigirte que seas perfecto.

Capítulo 10

Cómo mantenerte en el camino que has elegido

Aprender a responder con firmeza al perfeccionismo es más difícil que ceder a él. Desde todos los ángulos se nos presiona para que destaquemos; la sociedad nos respeta si somos personas de éxito y nos humilla si no lo somos, atendiendo a sus estándares. Se nos ha condicionado a admirar a aquellos que revolucionan la industria tecnológica, crean imperios mediáticos, pintan obras maestras o inventan fascinantes aplicaciones digitales. A menudo, cuando oímos hablar de lo que esas personas tuvieron que abandonar para llegar a donde están, alabamos aún más su pasión y dedicación. Miramos a Steve Jobs y nos maravillamos de su éxito sin precedentes con Apple y Pixar, e incluso idealizamos su perfeccionismo, que se manifestaba en la ya célebre dureza con que trataba a sus colegas y empleados cuando no estaban a la altura de sus expectativas y en tener habitaciones vacías en su casa porque no encontraba los muebles adecuados. El mensaje que se nos transmite es: todo vale, con tal de tener éxito.

La sociedad evalúa el éxito en función de los reconocimientos y los resultados materiales, así que, naturalmente, queremos ser la persona que gane más premios, que trabaje en la organización con más renombre, que disfrute de las vacaciones más extravagantes, que viva en el barrio más lujoso o que tenga el coche más caro. Pero al aceptar la definición que la sociedad hace de *cuánto vales tú*, estás midiendo cómo de buena es tu vida con una vara que no mide la verdadera satisfacción, sino algo que nada tiene que ver con la plenitud. Esta es la trampa inevitable y omnipresente del éxito. Por lo tanto, incluso aunque consigas hacer cambios de conducta y utilices las habilidades que se explican en este libro, la cultura seguirá empujándote a adoptar los patrones de pensamiento y conducta que acabas de dejar atrás, a cortejar el éxito aunque sea a costa de tu bienestar y de satisfacer tus necesidades. He aquí cómo mantenerte fuera del juego.

Practicar, practicar, practicar

Caerás una y otra vez en la tentación de jugar al perfeccionismo: accederás a ayudar a tus padres a arreglar el jardín cuando no has limpiado tu apartamento desde hace meses, deliberarás mucho más de lo que es saludable sobre qué horno holandés comprar, te pasarás un precioso día de otoño junto a los bosques de Nueva Inglaterra editando el capítulo de un libro sin salir de casa, y así sucesivamente. Es lo que sabemos hacer: perseguir la victoria, tan esquiva, a cualquier precio. Tampoco nuestra mente deja de exhibir su fabulosa capacidad para racionalizar y resolver problemas solo porque sepamos con claridad cuáles son nuestros valores. Sigue acosándonos con sus reglas y sus expectativas inflexibles, sus preocupaciones y sus miedos, sus especulaciones alarmistas y su catastrofismo. Es lo que sabe hacer.

Ya te hemos explicado técnicas, te hemos dado pistas y te hemos contado trucos para desbaratar los arraigados patrones de tu mente. Ahora tienes el esqueleto del progreso. Para añadirle carne, necesitas practicar, practicar y practicar hasta el infinito. Hace falta más que desmantelar los viejos patrones; tendrás que construir además nuevos patrones de conducta que sirvan de verdad a lo que quieres y hacer que arraiguen. Las habilidades psicológicas son similares a todas las demás habilidades de nuestra vida: el deporte, la escritura, el baile, hablar con gente nueva, cocinar... La diferencia es que puedes practicar las habilidades psicológicas literalmente en cualquier lugar, porque tus pensamientos y emociones están presentes *siempre*. En todo momento estás pensando y sintiendo. Incluso el comentario «tengo la mente en blanco» es un pensamiento. En esa perpetua presencia de pensamientos y sentimientos, *siempre* tienes la posibilidad de elegir los valores por encima del miedo, resulte o no resulte obvio, parezca o no parezca posible en el momento.

Así que cuando notes un pensamiento persistente («Si hubiera empezado dos días antes...»), la ansiedad expandiéndose por el torso o la voz cansina de la autocrítica («Nunca hago nada bien»), *practica*. Practica reconocer los pensamientos como pensamientos y dejarlos pasar flotando por tu espacio mental como una bolsa de plástico llevada por el viento. Tal vez incluso seas capaz de apreciar que la mente está intentando ayudarte, aunque lo haga mal. Practica apartarte de la ansiedad y observar su viaje por el cuerpo como si fueras un astrónomo estudiando la trayectoria de un cometa rebelde. Practica identificar las etiquetas mentales y los relatos sobre ti y volver a conectar con tu yo (o no yo) desde una perspectiva imparcial, con curiosidad, como si fueras una antropóloga estudiando a una población recién descubierta. En todos los casos, practica estar en el aquí y ahora, acogiendo con gentileza los pensamientos y sentimientos que revolotean por el tiempo y el espacio. Y en cualquier coyuntura, practica dar un giro hacia tus valores.

Proponte practicar varias veces al día. Incluso aunque solo sean dos, estarás haciendo catorce sesiones de práctica a la semana. ¿Recuerdas que las habilidades psicológicas son como cualquier otra habilidad? Imagina que haces prácticas de piano o de alemán catorce veces a la semana. El avance será notable en cualquier cosa que hagas esa cantidad de veces. Si oyes a la mente decirte: «Qué buen plan; en cuando tenga más tiempo y energía, me comprometo a practicar dos veces al día como mínimo», mira a ver si puedes contemplar ese pensamiento como un pensamiento, darle espacio a la incomodidad de comprometerte con algo para lo que no te sientes del todo preparada y hacerlo de todos modos. Esa es tu primera sesión de práctica del día.

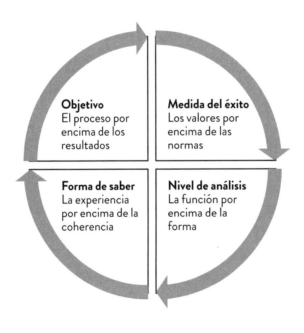

Objetivo
El proceso por encima de los resultados

Medida del éxito
Los valores por encima de las normas

Forma de saber
La experiencia por encima de la coherencia

Nivel de análisis
La función por encima de la forma

Sigue buscando oportunidades durante la semana. Normalmente, no es que nos falten oportunidades para practicar, sino que no somos *conscientes* de las oportunidades. Cuando te sientas frustrada porque tus hijos no se han preparado el bocadillo para llevar al colegio, apela a tu valor de «ser una madre comprensiva» y ayúdalos.

Cuando te pongas nerviosa al probar a hacer algo nuevo, elige tu valor de «aprender» y arriésgate a hacer una pregunta tonta. Cuando notes resistencia a montarte en el coche y arrancar porque el portamaletas no está ordenado exactamente como querías, elige tu valor de «aventura» y ponte en la carretera. Cuando estés pensando en esconder un trabajo mediocre para que nadie te juzgue, elige tu valor de «superación personal» y pide a los demás su opinión. Hay innumerables ejemplos. Están por todas partes, si sabes buscarlos.

La amenaza del perfeccionismo

Cuando hayas recorrido ya un buen trecho del camino y vivas cada vez más en consonancia con tus valores gracias a los cambios que has ido haciendo, tal vez adviertas de repente una presencia familiar, una vocecita que te dice que puedes hacer *todavía más* por tus valores y que con inocencia te pregunta si estás seguro de haber elegido los valores correctos. Vuelve a ser la voz del perfeccionismo. No *desaprendemos* las conductas pasadas; no es posible. Esto significa que, aunque hayamos dejado de manifestarlas, no se nos olvidan, menos aún aquellas con las que durante mucho tiempo nos hemos identificado, que hemos cultivado con tesón y que están arraigadas en nosotros. Por eso la segunda vez que haces algo es más fácil, y te montas en una bicicleta y pedaleas sin problema aunque no lo hayas hecho durante años; por eso todavía te acuerdas del número de teléfono de cuando eras niño o de tu primera dirección de correo electrónico: el cerebro lo recuerda.

La manera de aprender es adquiriendo nuevas conductas que resulten más sencillas que las antiguas, como quedarte callado cuando un familiar tuyo adopta una postura controvertida en relación con un tema social, *en vez de* discutir con él. *Reaprendes* qué hacer en esa situación y en tantas otras, incluso aunque tu instinto original de impacientarte no haya desaparecido. Como tampoco desaparecerá nunca del todo el impulso de hacer las cosas a la perfección. Lo que harás será crear nuevos patrones de conducta que se superpongan a los antiguos, y a base de practicarlo te resultará cada vez más fácil, lo mismo que cada vez te cuesta menos asentir con la cabeza en las cenas familiares para mantener la paz.

Esos nuevos patrones quizá hasta se parezcan, en distintos sentidos, a los antiguos. Reaprender podría traducirse en hacer lo mismo de antes pero por razones diferentes, como salir a correr porque te importa tu salud en vez de para conseguir determinado peso. Y a la inversa, si meditas porque «ser plenamente consciente» es uno de tus valores y sientes que *debes* hacerlo, es señal de alarma. Aunque la forma haya cambiado, la función de lo que haces sigue siendo la misma: cumplir la regla. Y el objetivo del cambio es la función, no la forma.

Es muy fácil caer en la trampa de intentar vivir tus valores a la perfección o conducirte estrictamente de acuerdo con ellos; en este caso, has sustituido las reglas por «valores». En lugar de «*debo* ser perfecto», ahora te dices «*debo* ser coherente con mis valores». «Valores» entre comillas, porque en realidad han acabado convirtiéndose en normas. Tratar los valores como si fueran la respuesta «correcta» a la ecuación de tu vida te sitúa de vuelta en lo más hondo del perfeccionismo y te hará sentirte igual de ansioso, estresado y preocupado que antes de haber definido tus valores.

Estate atento a los momentos en los que orientarte por tus «valores» te haga sentir que estás cumpliendo una regla. Si experimentas miedo al fracaso, culpa, vergüenza, impaciencia o empiezas a dudar de ti, esas reacciones emocionales te dicen qué es lo que motiva tus conductas, y no son los valores. Si sorprendes al perfeccionismo apoderándose de tus valores, tienes varias posibilidades.

Revisa tus valores. Vuelve a la pizarra de valores. Tal vez no estás muy contento con los valores que seleccionaste, a veces pasa. Se aprende haciendo y experimentando. Por ejemplo, si identificaste el voluntariado como un valor y al cabo del tiempo te has dado cuenta de que no te llena lo más mínimo lavar mantas en el refugio de animales, quizá no sea uno de tus valores. Táchalo de la lista y céntrate en los demás. Siempre puedes volver a añadirlo si las cosas cambian.

Revisa tus acciones. Otra posibilidad es que tus acciones no estén en consonancia con tus valores. Supongamos que elegiste dedicar un fin de semana a estar de verdad con tus padres, basándote en tu valor de «la familia», y pronto te arrepentiste de la decisión. Estuviste agobiado todo el tiempo y no sentiste que el esfuerzo te hubiera compensado, aunque no tienes la menor duda de que la familia te importa. Si es así, quizá tu valor de «la familia» tenga una forma de manifestarse diferente de la que imaginaste en un principio. En este caso, *redefine* el valor y piensa en nuevas acciones que puedas probar. Por ejemplo, podrías hacer la prueba de ir ver a tus padres una vez a la semana, o de pasar más tiempo con tus hijas o de leer un libro sobre la crianza, y ver si alguna de estas acciones se ajusta más. A continuación, sigue perfilando tu valor de «la familia» basándote en los datos que obtengas de esas nuevas experiencias. Sabrás si estás actuando en consonancia con tus valores porque la cualidad de lo que estás haciendo se transforma cuando te das cuenta del propósito que hay detrás.

Conecta con tus valores. Cuando notes que se ha producido un cortocircuito entre los valores y las acciones, otra posibilidad es orientarte conscientemente hacia tus valores. En este caso, sabes que el valor te importa de verdad y que la acción está en consonancia con el valor, pero hay una barrera que te impide experimentar el valor plenamente. Por ejemplo, imagina que es el día en que tu marido y tú celebráis vuestras bodas de oro, y tú te sientas a la mesa preocupada porque uno de los invitados ha entrado con los zapatos llenos de barro, porque no sabes si has preparado suficiente comida y porque no quieres ni pensar en el trabajo que te espera cuando se hayan ido todos. Al terminar la fiesta, esta fecha tan señalada ha pasado de largo y te has perdido la oportunidad de recordar las décadas que tu marido y tú habéis compartido: los pañales que cambiabais por turnos, las discusiones sobre qué programa ver en la televisión, los momentos en que os habéis entendido sin necesidad de palabras, las carcajadas, el dolor por la muerte de algunos amigos y tantas cosas más. No aprecias el discurso de tu marido sobre lo maravillosa que eres y sobre cómo, aunque pudiera, no cambiaría nada de lo que habéis vivido juntos. Sabes que todo eso te importa, pero por desgracia estás desconectada de los valores que tienes justo delante. En otras palabras, todo lo que necesitas está ahí; solo te hace falta reconocer tus valores y vincularlos a tus acciones, o a la inversa, y ponerte en contacto con la parte de ti a la que las cosas le importan de verdad.

Haz variaciones. Otra manera de desbaratar la observancia estricta de un valor como si se tratara de una regla es hacer variaciones intencionadas. Dado que los seres humanos somos principalmente animales de costumbres, es un reto variar sin una razón de peso el modo de comportarnos. Por eso caes en las rutinas y tienes establecida una determinada manera de hacer café por la mañana y de limpiar (o no limpiar) la cocina. También es la razón por la que te costaría practicar un deporte como la escalada o el levantamiento de pesas, cuyas técnicas contradicen en algunos casos la lógica de tu funcionamiento habitual, sin instrucciones explícitas como «usa los dedos de los pies, no las plantas». Por lo general, nos ceñimos a lo que conocemos o a lo que nos parece lógico (esta es la trampa de la coherencia) y no estamos dispuestos a cambiar de conducta lo suficiente como para poder descubrir formas de hacer más constructivas.

Para que haya variabilidad, es necesario que tengas la intención de probar otras posibilidades. La mente quizá te asegure que sabe lo que va a pasar cuando hagas eso y que no te va a gustar. Pero por mucho que tu mente crea que lo sabe todo, no siempre puedes saber si algo te gusta o no te gusta a menos que lo pruebes. Abrirte a experiencias nuevas, como dejar que tus hijas elijan qué hacer todos juntos el fin de semana, te permite practicar la flexibilidad, aprender cosas que están fuera de tu zona de confort y descubrir otros valores o nuevas formas de trabajar con ellos. Es posible que te gusten las nuevas actividades o que las detestes, pero la cuestión es que habrás creado variabilidad, y esta variabilidad puede conducirte a tesoros que no sabías que querías.

El fracaso es una opción

Puedes hacer *mucho* por mantenerte en el camino de tus valores, y aun así el ser humano que hay en ti vacilará. Cuando eso ocurra, como es inevitable, apártate del «o todo o nada». A la mente perfeccionista le gusta clasificarlo todo en categorías bien definidas: o bueno o malo, o correcto o incorrecto, o éxito o fracaso. Y hará lo mismo cuando te desvíes de tus objetivos y valores: «¿No has sido absolutamente coherente con tus valores? Entonces has fracasado». Te dirá que cortes por lo sano, que te rindas y te revuelques en la vergüenza por tu ineptitud absoluta. Pero eso es como abandonarte a los pumas al ver que te has desviado de la ruta señalizada. ¿No sería más sensato encontrar el camino de vuelta y reanudar la marcha? La cima de la montaña no va a desaparecer porque te salgas del sendero. Está en el mismo sitio, y puedes seguir ascendiendo hacia ella. Recuerda que *siempre* puedes elegir poner tus valores por encima del miedo.

A la vez, quizá debas consultarte antes de dar un paso más. ¿Realmente quieres volver al sendero y continuar la ruta planeada? Cabe la posibilidad de que, por el contrario, sea el perfeccionismo el que insiste en que «debes» terminar el ascenso que ya has empezado. (Por eso es vital estar atentos a la función de los comportamientos; solo podemos saber si un comportamiento es útil cuando sabemos qué lo motiva). El perfeccionismo dice que ya no hay vuelta atrás, incluso aunque tu coche esté aún a la vista en el aparcamiento. Sin embargo, es posible que en realidad no quieras seguir caminando hacia la cima, solo que te has comprometido con un valor y ahora crees que tienes que atenerte a tu decisión, lo cual vuelve a ser tratar los valores como si fueran reglas.

Escucha esto aunque te suene contradictorio: el fracaso *es* una opción. Al menos, el fracaso tal y como lo define el perfeccionismo. Nos referimos a saber cuándo dejar algo y hacerlo. Tendemos a utilizar los verbos *dejar* y *fracasar* como si fueran sinónimos, sin que haya ninguna base para ello. La primera acepción de *dejar* en el diccionario es 'soltar algo', lo cual se puede traducir en librarse de algo, en liberarse, por ejemplo, de una obligación, impuesta por lo general arbitrariamente en el caso del perfeccionismo.

Así que volvamos con curiosidad a la pregunta. *¿Por qué* estás haciendo una ruta de montaña? ¿Qué te aportaría dejarla y qué te aportaría completarla? Párate, respira hondo y observa la tormenta que se acerca por el horizonte de tu mente: las ganas de abandonar, la presión por seguir adelante, el miedo y la preocupación torrenciales, el aguacero de autocrítica. Simplemente observa la tormenta, sabiendo que no puede hacerte nada. Toma distancia. Conecta con tus valores. ¿Dónde quieres estar cuando la tormenta haya pasado?

Sigue *el camino de baldosas amarillas** hacia tus valores

Cambiar de hábitos es todo un reto, y no hay una fórmula infalible para hacerlo. Los dos llevamos literalmente

---

* N. de la T.: En *El mago de Oz,* aquel que reserva adversidades no planificadas, gracias a las cuales se descubren caminos que, de lo contrario, habrían sido inimaginables.

décadas estudiando cómo influir en el comportamiento humano, y seguimos sin poder garantizarle a nadie que será capaz de hacer cambios duraderos en su forma de vida. Es más, nosotros mismos continuamos teniendo hábitos poco saludables a pesar de lo que hemos leído e investigado: a Clarissa sigue costándole dejar un solo correo electrónico sin leer y Mike sigue aplazando las tareas rutinarias e insignificantes que forman parte de su trabajo hasta que recibe un correo electrónico que se las recuerda.

Seamos claros: fallarás. Te extraviarás y encontrarás el camino de vuelta a tus valores, lo mismo que encontrarías la manera de volver a la autopista si tomaras una salida equivocada y no te resignarías a vivir para siempre en Kansas. Fallar forma parte de crecer, al igual que caerse forma parte de aprender a andar. Aprendemos de cada tropiezo y somos un poco más fuertes cuando nos volvemos a poner en pie. Recuerda, lo que estás desarrollando es la capacidad *para volver a enfocarte en lo que te importa*. Cada vez que te reorientas hacia tus valores y cumples lo que te has propuesto, estás un paso más cerca de ser la persona que quieres ser. Quizá has decidido, por ejemplo, ser más tolerante con tus defectos y estás trabajando en ello, pero es posible que aun así continúes pasando horas revisando y puliendo tu trabajo, dando vueltas a lo torpe que estuviste en la última cita y reprendiéndote por haberte hecho un lío con los horarios de las reuniones. La necesidad de ser la versión perfecta de ti, o de evitar equivocarte, no va a desaparecer. Por eso una parte del trabajo consiste en enraizarte en tus valores, en recordarte que quieres de verdad tratarte bien y encontrar un equilibrio entre el trabajo y el tiempo libre, y en elegir conductas acordes con lo que te importa en cuanto se presente la próxima oportunidad.

Es indudable que los obstáculos que debemos superar no son los mismos para todos. Las opresivas estructuras que caracterizan nuestra cultura y sus instituciones se encargan de ello. Así, para algunos de nosotros será cuestión de determinación cambiar aspectos de nuestra vida, mientras que para otros que tengan una identidad marginal en el sentido que sea supondrá sortear obstáculos abominables a cada paso. Esos obstáculos son reales. Identificar nuestros valores y comprometernos con la acción no elimina las barreras sistémicas. Las habilidades de las que hemos hablado nos ayudan a dar prioridad a lo que nos importa y a orientarnos por ello cuando hay pensamientos y sentimientos desagradables que nos dicen que no lo hagamos, pero esas habilidades no resuelven la injusticia y la desigualdad (al menos no directamente). Este libro puede ayudarte a ser un padre o una madre más consciente y a darles más amor a tus hijos, pero no va a cambiar que puedas permitirte pagar a alguien que los cuide ni te va a dar el privilegio de poder tomarte unos días libres en el trabajo. Siendo realistas, queremos creer que este libro te dará la fuerza para vivir cada día más de acuerdo con tus valores aunque no puedas hacerlo a la perfección, aunque haya momentos en que el estrés y la preocupación te desborden, e incluso aunque falles una y otra vez. Eso es todo.

Es *tu* vida. Es tuya para que la vivas o la dejes escapar. No podemos decirte lo que tienes que hacer, porque la única persona ante la que tienes que responder en definitiva eres tú. Nadie más que tú experimenta tu dolor y tu alegría, y nadie más que tú puede asumir la responsabilidad de tus acciones e inacciones. Cada vez que eliges, determinas tu trayectoria, y, poco a poco, esas decisiones aparentemente intrascendentes van creando el tejido de tu vida. ¿Cuál es la vida que quieres crear para ti?

* * *

Avanzar hacia tus valores es un trabajo constante. Significa practicar las habilidades que se explican en este libro tanto como te sea posible para familiarizarte con su técnica y fortalecer tu determinación, y luego seguir avanzando. Dado que nuestra cultura nos incita a esforzarnos por alcanzar el éxito, las tendencias perfeccionistas (querer complacer a todo el mundo, no permitirte cometer errores, la autocrítica) aparecerán de nuevo. En esos casos, observa esas tendencias sin obedecerlas y aplica las estrategias adecuadas para evitar volver a los viejos hábitos.

No obstante, por más atención que pongas y por más que te esfuerces, te equivocarás; es inevitable cometer errores. Además, la ansiedad, el estrés y la preocupación siempre van a estar al acecho. En lugar de castigarte cada vez que te desvías de tu propósito y te resistes a aceptar la imperfección, reoriéntate hacia tus valores y reanuda la marcha. Al fin y al cabo, estamos hablando ni más ni menos que de *tu* vida. Vívela.

Agradecimientos

Clarissa: A Nova, Megan, Gabe, Dhanna y Danyel, que me habéis ayudado a creer en mí y me habéis ofrecido vuestra comprensión y un apoyo para el que no tengo palabras.

A Eric por recordarme que algunas cosas (la mayoría) no importan.

A Sarah por tu infinita paciencia, claridad y compasión.

A Mike por animarme siempre a hacer más de lo que mi mente me dice que puedo hacer.

Mike: Gracias a Jeff Szymanski de la Fundación Internacional del TOC (trastorno obsesivo-compulsivo) y al donante anónimo que ha financiado nuestro trabajo sobre el perfeccionismo clínico.

A todas las personas que han participado en nuestros estudios.

A la Universidad Estatal de Utah por apoyar la investigación.

A mis estudiantes de posgrado, de los que aprendo todo el tiempo.

A Clarissa, siempre serás mi Kawhi Leonard.*

---

* N. de la T.: Jugador de baloncesto estadounidense. Entre sus muchos logros, en 2019, jugando con los Clippers de Los Ángeles, fue nombrado mejor jugador de las finales de la NBA.

Referencias

Bieling, P. J., Israeli A. L. y Antony, M. M. (2004). «Is Perfectionism Good, Bad, or Both? Examining Models of the Perfectionism Construct». *Personality and Individual Differences* 36 (6): 1373-1385.

Egan, S. J., Wade, T. D. y Shafran, R. (2011). «Perfectionism as a Transdiagnostic Process: A Clinical Review». *Clinical Psychology Review* 31 (2): 203-212.

Hayes, S. C. y Sanford, B. T. (2014). «Cooperation Came First: Evolution and Human Cognition». *Journal of the Experimental Analysis of Behavior* 101 (1): 112-129.

Park, H. y Jeong, D. Y. (2015). «Psychological Well-Being, Life Satisfaction, and Self-Esteem Among Adaptive Perfectionists, Maladaptive Perfectionists, and Nonperfectionists». *Personality and Individual Differences* 72: 165-170.

Prud'homme, J., Dunkley, D. M., Bernier E., Berg J.-L., Ghelerter, A. y Starrs, C. J. (2017). «Specific Perfectionism Components Predicting Daily Stress, Coping, and Negative Affect Six Months and Three Years Later». *Personality and Individual Differences* 111: 134-138.

Stoeber, J. y Damian, L. E. (2014). «The Clinical Perfectionism Questionnaire: Further Evidence for Two Factors Capturing Perfectionistic Strivings and Concerns». *Personality and Individual Differences* 61-62: 38-42.

Stoeber, J. y Otto, K. (2006). «Positive Conceptions of Perfectionism: Approaches, Evidence, Challenges». *Personality and Social Psychology Review* 10 (4): 295-319.

Suh, H., P. B. Gnilka y Rice, K. G. (2017). «Perfectionism and Well-Being: A Positive Psychology Framework». *Personality and Individual Differences* 111: 25-30.

Sobre los autores

Clarissa W. Ong realiza su formación posdoctoral como investigadora en el Centro para el Tratamiento de la Ansiedad y Trastornos Relacionados, de la Universidad de Boston. Se doctoró en Psicología Clínica y de Asesoramiento en la Universidad del Estado de Utah e hizo sus prácticas clínicas en el hospital McLean, filial psiquiátrica de la Facultad de Medicina de la Universidad de Harvard. Sus principales materias de estudio son la terapia de aceptación y compromiso (ACT), la terapia basada en procesos, el trastorno obsesivo-compulsivo (TOC), el trastorno de acaparamiento y el perfeccionismo. Ha colaborado en más de sesenta publicaciones revisadas por pares y es coautora de un libro junto con Michael P. Twohig y Michael E. Levin. Ha recibido asimismo financiación de la Asociación para la Ciencia Conductual Contextual (ACBS).

Michael P. Twohig, doctor en Filosofía y Psicología Clínica por la Universidad de Nevada, es conocido principalmente por su trabajo con la ACT y el TOC, estrechamente relacionados con el perfeccionismo. Es profesor del Departamento de Psicología de la Universidad Estatal de Utah. Fue presidente de la ACBS y es miembro de la Asociación de Terapias Conductuales y Cognitivas (ABCT). Es autor de más de ciento setenta publicaciones revisadas por pares y de siete libros, y ha recibido financiación de diversas organizaciones, entre ellas el Instituto Nacional de Salud Mental de Estados Unidos (NIMH).

El autor del prólogo, **Randy O. Frost**, imparte clases de Psicología Anormal en el Smith College de Northampton, Massachusetts. Es coautor de *Buried in Treasures*.